GAMIFICATION

Flora Alves

GAMIFICATION
COMO CRIAR EXPERIÊNCIAS DE APRENDIZAGEM ENGAJADORAS
UM GUIA COMPLETO: DO CONCEITO À PRÁTICA

2ª edição – revisada e ampliada

www.dvseditora.com.br
São Paulo, 2015

GAMIFICATION
COMO CRIAR EXPERIÊNCIAS DE APRENDIZAGEM ENGAJADORAS
UM GUIA COMPLETO: DO CONCEITO À PRÁTICA

2ª edição – revisada e ampliada

Copyright© DVS Editora 2015
Todos os direitos para a território brasileiro reservados pela editora.
Nenhuma parte deste livro poderá ser reproduzida, armazenada em sistema de recuperação, ou transmitida por qualquer meio, seja na forma eletrônica, mecânica, fotocopiada, gravada ou qualquer outra, sem a autorização por escrito do autor.

Capa e ilustrações: Danielle Araujo
Diagramação: Konsept Design & Projetos

Dados Internacionais de Catalogação na Publicação (CIP)
(Câmara Brasileira do Livro, SP, Brasil)

```
Alves, Flora
   Gamification : como criar experiências de
aprendizagem engajadoras : um guia completo :
do conceito à prática / Flora Alves. -- 2. ed.
rev. e ampl. -- São Paulo : DVS Editora, 2015.


   1. Aprendizagem 2. Aprendizagem organizacional
3. Empresas - Empregados - Treinamentos 4. Jogos
(Administração) 5. Jogos de organização 6. Jogos
de raciocínio I. Título.


15-04622                                    CDD-658.4
```

Índices para catálogo sistemático:

1. Jogos de aprendizagem : Programas
    educacionais : Administração de empresas
    658.4

"Dance como se ninguém estivesse vendo,
ame como se você jamais fosse se ferir,
cante como se ninguém estivesse ouvindo.
Viva como se a terra fosse o céu".

(William W. Purkey)

Índice de conteúdo

Dedicatória — XIII
Agradecimentos — XV

Prefácio — XVII

Sobre este livro — XXI
Por que este assunto é relevante — XXI
O que você aprenderá com este livro — XXII
Para quem este livro foi escrito — XXIII
Como este livro está organizado — XXIV

Introdução — 1

Gamification na prática — 5
Objetivo de aprendizagem — 7
Introdução — 7
Exemplos práticos e comportamento — 9
O que levar em sua bagagem — 12

O que é *Gamification* — 15
Objetivo de aprendizagem — 17
Introdução — 17
A origem dos *games* e alguns aspectos filosóficos — 17
O que são *games* — 20
Uma primeira conclusão — 22
O que é *Gamification* — 24
   Histórico — 24
   Definição — 25
Categorias às quais o *Gamification* agrega valor — 28
Conclusão — 30
O que levar em sua bagagem — 32

Os elementos do *game* e o *Gamification* — 35
Objetivo de aprendizagem — 37
Introdução — 37

Um exemplo prático	37
O poder de simplificar o complexo	40
Os elementos dos *games*	40
Conclusão	47
O que levar em sua bagagem	48

Aspectos teóricos — 51

Objetivo de aprendizagem	53
Introdução	53
Aspectos teóricos e teorias	54
Motivação	56
Motivação intrínseca	57
Motivação extrínseca	57
Um convite à reflexão: *Gamification* como uma ferramenta de *Design* Instrucional	58
Modelos motivacionais e aprendizagem	59
Modelo de 4 fatores ARCS (Atenção, Relevância, Confiança e Satisfação)	60
A teoria da instrução intrinsecamente motivadora de Thomas Malone	61
A teoria do condicionamento operante	64
O que levar em sua bagagem	67
Autoavaliação proposta na reflexão "*Gamification* como uma ferramenta de *design* instrucional"	68

O jogador: nosso aprendiz. Seus tipos e a forma como interage — 73

Objetivo de aprendizagem	75
Introdução	75
Temperamentos e perfis comportamentais	76
Estilos de aprendizagem	78
Tipos de jogador	80
Engajamento e verbos de ação no comportamento do jogador	85
O que levar em sua bagagem	87

Diversão: tem que ser divertido — 89
- Objetivo de aprendizagem — 91
- Introdução — 91
- Afinal, o que é brincar ou jogar? — 92
- A ciência da diversão — 93
- A diversão e o engajamento de diferentes gerações — 96
- O que levar em sua bagagem — 99

Aplicabilidade — 101
- Objetivo de aprendizagem — 103
- Introdução — 103
- Áreas de aplicabilidade — 103
- Aplicabilidade do *Gamification* para aprendizagem — 105
- O que pode ser ensinado com o uso do *Gamification* — 108
- O que levar em sua bagagem — 111

Design instrucional de uma solução de aprendizagem *gamificada* — 113
- Objetivo de aprendizagem — 115
- Introdução — 115
- Por que queremos *gamificar* — 116
- O que significa *gamificar* — 117
- Tipos de *Gamification* — 118
  - *Gamification* estrutural — 118
  - *Gamification* de conteúdo — 118
- Diferenciando os *games* do *Gamification* e definindo como iniciar um projeto — 119
- Etapas do *design* instrucional cruciais para o sucesso de seu projeto de acordo com a Metodologia SG+® — 120
  - Etapa 1 – Definir — 121
  - Etapa 2 – Arquitetar — 121
  - Etapa 3 – Aprender — 122
  - Etapa 4 – Transferir — 122
  - Etapa 5 – Assegurar — 123
  - Etapa 6 – Analisar — 123
- O que levar em sua bagagem — 124

Como arquitetar soluções de aprendizagem com o uso de *Gamification* — 127

- Objetivo de aprendizagem — 129
- Introdução — 129
- Um roteiro para o *design* de sua solução de aprendizagem *gamificada* — 130
- Os passos do roteiro — 130
  - Primeiro passo: conheça os objetivos do negócio e de aprendizagem — 131
  - Segundo passo: defina comportamentos e tarefas que serão *target* desta solução — 132
  - Terceiro passo: conheça os seus jogadores — 133
  - Quarto passo: reconheça o tipo de conhecimento que precisará ser ensinado — 134
  - Quinto passo: assegure a presença da diversão — 136
  - Sexto passo: utilize ferramentas apropriadas — 137
  - Sétimo passo: faça protótipos — 138
- O que levar em sua bagagem — 139

Quando você não deve usar o *Gamification* — 141

- Objetivo de aprendizagem — 143
- Introdução — 143
- Como as demandas chegam até você — 144
- Não decida por *Gamification* quando você ouvir argumentos impróprios — 144
  - Todo mundo está *gamificando* — 144
  - As pessoas vão aprender sem perceber — 145
  - *Gamification* é legal, divertido e engaja as pessoas em sua aprendizagem — 145
  - Desenvolver uma solução *gamificada* é fácil e diminui o tempo de um treinamento — 146
  - A diversão de uma solução *gamificada* vai distrair a atenção das pessoas e dissimular pontos de insatisfação — 146
- Como assegurar o sucesso — 146
- O que levar em sua bagagem — 148

GAMIFICATION NA PRÁTICA: CASES DE SUCESSO — 151

Objetivo de aprendizagem — 153

Introdução — 153

Se queremos resultados melhores, temos que percorrer novos caminhos — 153

O trinômio "**DRS**": **d**esafio, **r**esultado esperado e **s**olução desenvolvida — 154

Case Bradesco – *Gamification estrutural* e transferência — 155
- Contexto — 155
- Desafio — 155
- Resultado esperado — 156
- Solução desenvolvida — 157

Case Ipiranga – *Gamification* de conteúdo — 162
- Contexto — 162
- Desafio — 163
- Resultado esperado — 163
- Solução desenvolvida — 163

O que levar em sua bagagem — 168

Bibliografia de Referência — 171

DEDICATÓRIA

A você, Sergio Guerra, meu companheiro de todos os momentos na jornada da vida e meu maior incentivador. Seu amor tornou possível a materialização desta obra e muito mais. Seu amor fez de mim uma pessoa melhor.

A meu pai, Jedey Alves Miranda, que me mostrou na prática o que Leonardo da Vinci deixou em seu pensamento "Aprender é única coisa de que a mente nunca se cansa, nunca tem medo e nunca se arrepende". Que você possa, onde quer que esteja, pai, ter orgulho da filha que você dizia ser esforçada e a quem tanto amou. Que eu possa de alguma maneira multiplicar o seu ensinamento e incentivar outros a aprender como você me incentivou.

Mamy, a você (Elfrida Guilhermina Alves Miranda), que plantou em mim a sementinha da paixão pela leitura, me alfabetizando mesmo antes da idade escolar e me presenteando com "Meu Botãozinho de Rosa", meu primeiro livro, de cuja história me recordo até hoje e que guardo comigo como um símbolo do seu amor. Você me fez acreditar em mim e em todos os meus sonhos.

AGRADECIMENTOS

Que maravilha perceber que conforme avançamos em nossa jornada, crescem também os motivos para que sejamos gratos. A vida tem me presenteado com encontros maravilhosos que permeiam a minhas dimensões pessoal e profissional.

Nesta segunda edição reforço minha eterna gratidão e carinho aos amigos Carla Helena Bello e Javier Barrasa Sierra, grandes responsáveis pela acolhida que deu início a esta obra.

Sou igualmente grata a todos aqueles que, em algum momento cruzaram meu caminho e contribuíram para que eu adquirisse conhecimento e experiência. Mais uma vez reconheço que a autoria deste livro é tão minha quanto de cada um com quem tenho a honra de conviver, trabalhar e aprender.

À Equipe SG o verdadeiro mérito por materializar todos os nossos planos com tanto carinho, dedicação e cuidado.

Soluções de Aprendizagem Inovadoras só são possíveis quando encontramos empresas dispostas a inovar constantemente em busca de melhores resultados. Nesta edição agradeço com muita admiração ao Bradesco e à Ipiranga, cujos cases estão aqui publicados para que muitos possam empreender e aprender.

Ao Bradesco e especialmente aos profissionais da UniBrad toda a minha admiração por seu empenho e busca incansável por soluções e metodologias que gerem impactos positivos no negócio. A você Glaucimar Peticov, meus cumprimentos especiais por proporcionar o clima perfeito para o trabalho criativo de toda a equipe UniBrad. À Carolina Verônica dos Santos Silveira e Luis Claudio Beltrame o meu agradecimento pela confiança, profissionalismo e empenho no sucesso deste projeto. Agradeço também imensamente à Silvia Bernardi Benini, Ana Cláudia Paulo da Silva e Lilian de Fátima da Silva que aqui representam toda a Equipe de Capacitação da Área de Canais Digitais que desde o diagnóstico inicial até a entrega final do projeto foram essenciais para o sucesso.

À Ipiranga, os meus carinhosos agradecimentos, especialmente pela confiança sem precedentes que construiu uma parceria de sucesso desde o primeiro instante.

À Equipe SG o verdadeiro mérito por materializar todos os nossos planos com tanto carinho, dedicação e cuidado. Meus agradecimentos especiais e profundos ao Sergio Guerra, sócio da SG – Aprendizagem Corporativa Focada em Performance – por suas ideias sempre geniais e também à Mônica David Ribeiro e Raquel Oliveira cujas contribuições merecem destaque para o sucesso do Projeto Ipiranga.

Prefácio

Um livro possui valores que transcendem a beleza plástica da sua capa, a força do título, o conteúdo e a divulgação da editora: ele é uma ponte entre o leitor e o autor!

Uma ponte emocional que existe no imaginário do ser humano.

No entanto, esta ponte é apoiada por pilares "concretos", racionais, que fomentam novos conhecimentos.

A conexão entre razão e emoção (tão importante nos "jogos da nossa vida") é a chave para que esta "ponte" possa existir.

E o que é mais lindo: para cada leitor teremos pontes diferentes, já que este processo depende muito do envolvimento de quem lê.

Indo mais além: este envolvimento é uma consequência direta do talento de quem o escreveu.

Por isso, além de saber o propósito de um livro como este, vai fazer toda a diferença se você souber um pouco mais sobre quem o escreveu!

Flora Alves não deve ser percebida, somente, como alguém que possui uma formação internacional muito diversificada, incluindo sua graduação em propaganda e *marketing*, com especialização em gestão de recursos humanos.

Mais do que uma especialista no desenvolvimento de profissionais e líderes, ela é uma "*storyteller*" (uma contadora de estórias) que nos convida a olhar de forma diferente este tema tão instigante, fascinante e envolvente!

Como mestra em cursos de MBA ou como palestrante e facilitadora internacional de jogos empresariais, ela sabe que a tônica maior neste mundo tão globalizado e conectado é a sabedoria em conseguir reaprender a aprender!

Flora, como poucos autores-consultores, consegue unir arte e negócios em um só livro, razão e emoção numa obra que desafia nosso conhecimento.

Me recordo de alguns encontros que tivemos na maior conferência mundial de desenvolvimento de talentos nos Estados Unidos – o congresso anual da ATD. Flora sempre inquieta e perspicaz, buscando inovações e novos paradigmas que pudessem fazer a diferença nos programas de desenvolvimento de pessoas.

Pois, alguns podem achar fácil a tarefa de envolver pessoas em eventos e treinamentos empresariais... mas a realidade não é bem assim!

Com a evolução da sociedade, devido à velocidade dos acontecimentos e com os recursos tecnológicos disponíveis atualmente, as experiências de aprendizagem devem ser cada vez mais inovadoras, para engajar, realmente, os participantes de *workshops*, oficinas, encontros gerenciais e treinamentos. Flora desvenda esta questão: ficará muito mais fácil encontrar as soluções mais adequadas após a leitura desta obra.

Como será que você, leitor, aproveitará este livro? Como será o seu processo de aprendizagem?

Ninguém sabe ao certo, mas uma coisa está garantida: este livro foi escrito por uma pessoa que consegue fazer estas importantes conexões entre razão e emoção, e vai proporcionar a você um novo olhar sobre a aplicação de jogos, dinâmicas e desafios no ambiente empresarial.

Neste caso a proposta deste livro é bem ampla, ousada e especial: escrito por uma pessoa muito competente, ele vai propor princípios que podem fazer a diferença no seu cotidiano.

Entender o que significa, realmente, a aplicação de "jogos" no ambiente de trabalho vai provocar reflexões e permitir que você transcenda o que está escrito. E Flora foi hábil em organizar os princípios de forma a nos permitir entender os conceitos e imaginar a colocação deles na prática do dia a dia.

Não é por acaso que Leonardo da Vinci é citado ao longo do livro, principalmente na sua conhecida frase: "Simplicidade é a mais alta forma de sofisticação". Flora conseguiu isto com este livro: simplificar os modelos conhecidos de "*Gamification*" para que, todos nós, pudéssemos dotar os nossos ambientes empresariais, nossas organizações, de soluções que venham a ampliar a capacidade de aprendizagem, permitindo o conhecimento coletivo e o encontro do prazer no processo de aprender a aprender. Com isso, ela permite a "sofisticação" do aprendizado, tornando o conteúdo deste livro uma pérola que deve ser observada e cultivada por todos que acreditam no desenvolvimento humano.

Eu estou muito impressionado pelo tema, pelo talento da autora, pelas possibilidades e portas que este livro (simples e sofisticado ao mesmo tempo) abrirá!

Convido você a criar suas "pontes" sobre este tema, e imaginar que o conhecimento humano pode ser ampliado, sempre!

Vamos "jogar"?

Alfredo Castro

Autor, consultor e presidente da MOT Treinamento
e Desenvolvimento Gerencial.
Miami, verão de 2014.

Sobre este livro

O *Gamification* tem despertado o interesse de profissionais de áreas diversificadas e chegou para ficar. Mas o que realmente é *Gamification*? Se sempre utilizamos jogos e atividades diversas em treinamentos, por que agora falar de *Gamification?* Participei de longas reuniões até decidir que era o momento de escrever sobre o assunto.

Quando utilizamos nosso programa de milhagem para voar, isto é *Gamification*. Quando um programa de TV cria um *game* de perguntas e respostas premiando com base em pontos atribuídos por questões respondidas corretamente isto é *Gamification*.

Este livro aborda os benefícios que podemos extrair do *Gamification* quando o assunto é aprendizagem, as razões pelas quais a inclusão de elementos, mecânica, estética e pensamento de jogos em nossos programas de treinamento fazem com que o processo seja mais efetivo e como isso afeta a performance nas organizações.

POR QUE ESTE ASSUNTO É RELEVANTE

Se você já participou de uma conversa na qual a diferença de gerações e a dificuldade para engajar as gerações mais recentes seja em uma empresa, uma reunião ou uma aula, este livro é para você.

Esteja você em uma escola, empresa familiar ou organização multinacional, o que você vê quando olha ao redor é a diversidade de gerações convivendo em um mesmo ambiente, compartilhando interesses, objetivos e competindo por melhores posições.

A geração *Millenium*[1] se engaja, mas precisa perceber que o que faz é relevante, deseja ter *feedback* constante para saber se está indo bem. O local

---

1 – Para saber mais veja: http://www.youtube.com/watch?v=xOjJUuD18YA

de trabalho, a sala de aula e o modo como se trabalha mudou. Colaborar para interferir de forma positiva em um grupo, comunidade ou sociedade faz parte dos planos das novas gerações que trabalham muito bem com outras gerações desde que as relações estejam baseadas em igualdade e suas ideias e conhecimentos sejam respeitados nos mesmos patamares.

O que funcionava antes não necessariamente funciona hoje quando o assunto é aprendizagem. É neste cenário que o *Gamification* se encaixa. Ajudando-nos a tornar a aprendizagem atrativa, engajadora, divertida e efetiva.

Gamification se tornou uma prática emergente em diferentes negócios. A revista *Fortune,* por exemplo, publicou em 17 de outubro de 2001 que "repentinamente, *Gamification* é o conceito de negócios mais atual com muitas das empresas mais admiradas aderindo a ele". Esta notícia nos dá uma ideia da amplitude de sua aplicação. Ainda em outubro de 2011, *Wall Street Journal* publica que "fazendo grandes esforços para tornar as tarefas cotidianas mais engajadoras um número crescente de empresas está incorporando elementos de *vídeo games* no ambiente de trabalho".

Apenas para mencionar algumas empresas que estão *gamificando* e refletir sobre por que não podemos ficar de fora: Microsoft, Nike, SAP, Deloitte, Samsung, Dell, Foursquare e Siemens entre outras.

Outro fato que não podemos ignorar é o poder que os *games* exercem sobre as pessoas. Muitos de nós já experimentaram a sensação de jogar por horas sem percebermos o tempo passar. Compreender o que há nos jogos e os elementos envolvidos para se promover este engajamento pode nos ajudar a transportar este engajamento para o ambiente de aprendizagem.

Os *games* também nos ensinam aspectos da psicologia como, por exemplo, as estruturas motivacionais que estão envolvidas em sua construção além de nos introduzir aspectos fundamentais do *design*, estratégia e tecnologia.

Ainda que pareça simples, utilizar *Gamification* de forma efetiva exige análise e aprofundamento para que o resultado desejado seja alcançado.

O QUE VOCÊ APRENDERÁ COM ESTE LIVRO

Este livro oferece a você uma visão ampla sobre o *Gamification* do conceito à prática. Ele começa definindo o conceito e suas possibilidades de aplicação, e segue oferecendo base teórica e exemplos para que você seja capaz de desenvolver seus próprios *games* aplicados à aprendizagem.

Ao término da leitura você saberá:

- Conceituar o *Gamification*, identificar seus elementos e analisar sua aplicabilidade.
- Explicar de que maneira o *Gamification* contribui para o processo de aprendizagem e quais os benefícios de sua utilização em programas de treinamento.
- Utilizar o *Gamification* de forma efetiva com o objetivo de melhorar a performance de uma equipe.
- Citar aplicações e exemplos práticos do uso de *Gamification* tomando decisão sobre a sua utilização e justificar o seu uso.

PARA QUEM ESTE LIVRO FOI ESCRITO

Escrevi este livro para todos aqueles que, assim como eu, consideram-se profissionais da educação. Seja esta educação formal ou informal, inserida no ambiente acadêmico ou profissional.

O modelo 70/20/10 para aprendizagem e desenvolvimento, mais conhecido como 70:20:10 – baseado em pesquisa e observação iniciadas na década de 60 e que tem se desenvolvido até hoje –, ilustra a relevância de nosso papel no processo de aprendizagem sejamos nós colaboradores, gestores ou profissionais diretamente ligados aos programas de treinamento organizacionais.

A pesquisa desenvolvida por McCall, Lombardo e Eichinger[2] (Center for Creative Leadership) revelou que o aprendizado de gestores de sucesso aconteceu aproximadamente na seguinte proporção:

- 70% na execução de seu trabalho;
- 20% a partir de outras pessoas (na maior parte de seu chefe);
- 10% a partir de cursos ou leitura (aprendizagem formal).

Este é um modelo de referência e sua importância se deve ao fato de que estende o aprendizado além das paredes de uma sala de aula, o que inclui a todos nós, sejamos ou não responsáveis por programas de treinamento.

Se você é, assim como eu, um profissional diretamente ligado ao desenvolvimento de programas de treinamento com foco em performance, sua

---

2 – Para conhecer os dados desta pesquisa veja o livro publicado por Michael M. Lombardo e Robert W. Eichinger, "*Career Architect Development Planeer*" que publica dados sobre a pesquisa.

responsabilidade é ainda maior pois os 10% de aprendizagem formal que nos cabem, precisam ser cada vez mais efetivos.

Pelas razões aqui expostas, este livro se destina a:

- *Designers* instrucionais.
- Facilitadores (instrutores) de treinamento.
- Especialistas que atuam como instrutores.
- Professores.
- Analistas de treinamento.
- Gestores que desejam aprimorar suas habilidades para ensinar seus colaboradores a fim de melhorar sua performance.
- Todos aqueles que, em algum momento, interessam-se por educação e programas de treinamento.

COMO ESTE LIVRO ESTÁ ORGANIZADO

O livro foi organizado de modo a permitir que sua leitura seja feita de forma simples e com foco no que seja relevante para você. Por isso, os capítulos podem ser lidos na ordem que você desejar e de acordo com a sua necessidade, apesar de terem sido sequenciados desde a conceituação até a prática. Siga a ordem que lhe parecer mais adequada e útil para o que procura.

Sendo esta uma publicação que pretende apoiar você em termos de aprendizagem, em cada capítulo você encontrará:

- O objetivo de aprendizagem no início de cada capítulo.
- Sugestões de leituras complementares ou vídeos disponíveis na internet ao longo de cada capítulo dispostas no formato de nota de rodapé para facilitar o acesso durante a leitura.
- Questões para você refletir, responder e acrescentar à sua bagagem.

Espero que você desfrute da leitura e que esta publicação proporcione a você a oportunidade de refletir sobre diferentes caminhos que possam tornar os seus programas de treinamento ainda melhores. Boa leitura!

Flora Alves

Introdução

Como um profissional atuante no universo do treinamento e desenvolvimento de pessoas há mais de duas décadas, eu acreditava conhecer o essencial sobre a utilização de *games* no campo da educação até que participei, em 2012, de uma conferência em Las Vegas na qual, durante a abertura, Jane McGonigal[1], autora do livro "*Reality is Broken: Why Games Make Us Better and How They Can Change the World*" mostrou algumas estatísticas que definitivamente me fizeram refletir. Confira alguns números que ela apresenta em seu livro:

- 69% dos chefes de família jogam *vídeo games*.
- 97% dos jovens jogam no computador e também *vídeo games*.
- 40% de todos os jogadores são mulheres.
- 1 em cada 4 jogadores tem mais de 50 anos.
- A idade média dos jogadores é de 35 anos e eles têm jogado em média há 12 anos.
- A maioria dos jogadores não tem intenção de parar de jogar.

Fiquei surpresa. Até então eu ligava o universo dos *games* (principalmente eletrônicos) a pessoas muito jovens, adolescentes e crianças. Entretanto, não foi só a estatística que me surpreendeu, mas sobretudo a abordagem de Jane McGonigal que me convidou a refletir sobre o poder que os jogos podem exercer sobre nós.

Segui adiante, mas não podia ignorar que algo havia sido despertado em mim e eu não poderia desconsiderar essas evidências. Sim, os *games* exercem um grande poder sobre nós e foi assim que mergulhei no universo

---

1 – Para saber mais assista: http://www.ted.com/talks/jane_mcgonigal_gaming_can_make_a_better_world.html. Jane McGonigal é *game designer* e autora de *Reality is Broken*.

do *Gamification*. Tenho que confessar que, a princípio, um certo ceticismo estava presente, afinal, no Brasil utilizamos vivências e jogos há muito tempo. O que poderia ser diferente?

Fui descobrindo pouco a pouco que o *Gamification* oferece algo mais. O conceito apresenta a estrutura que eu necessitava para compreender e aplicar na arquitetura de treinamentos de forma simples e efetiva. Sua origem em disciplinas como o *design* e a psicologia, capazes de explicar fatos que eu já conhecia sob uma nova perspectiva, abriu um novo caminho de possibilidades para ajudar as pessoas a aprender de uma maneira mais compatível com o cenário atual e, claro, mais engajadora.

A aprendizagem e a tecnologia têm muita coisa em comum, afinal, ambas buscam simplificar o complexo. A grande diferença entre esses dois campos está na velocidade. Enquanto a tecnologia evolui muito rapidamente, parecemos insistir na utilização de apresentações de PowerPoint intermináveis que só dificultam o aprendizado, dispersando a atenção de nossos aprendizes que encontram um universo bem mais interessante em seus *smartphones*.

Precisamos aprender com a tecnologia. É necessário que sejamos capazes de promover o mesmo engajamento que a tecnologia promove. O aprendizado precisa ser mais rápido, interativo, engajador e por que não divertido?

A troca de experiências, a solução de problemas e a relevância que permite a conexão com a realidade do aprendiz precisam estar presentes. Uma aula ou um treinamento não precisa ser chato e monótono para ser eficaz. Cathy Moore[2] criou um vídeo[3] divertido que nos convida a salvar o mundo dos treinamentos chatos e que ilustra muito bem o que tende a ocorrer quando somos "sugados" por nossa rotina sem dedicarmos o tempo devido para as questões que nos levam a criar uma solução de aprendizagem[4] adequada para o objetivo que precisamos alcançar.

O *Gamification* não é uma solução única que vai resolver todos os seus problemas, mas com certeza é uma ferramenta que não pode faltar na sua "caixinha de ferramentas" profissional. Ele não elimina a necessidade de um diagnóstico de necessidades preciso, vinculado a um conjunto de indica-

---

2 – Para saber mais sobre Cathy Moore: http://blog.cathy-moore.com/about/

3 – Para ver o vídeo acesse: http://www.youtube.com/watch?v=VBrLWGX4P2U

4 – Nota do autor: muitas vezes o termo solução de aprendizagem será mais adequado que treinamento ou programa de treinamento por sua abrangência e especificidade.

dores que permitam a você medir os resultados do seu programa de treinamento. O que ele faz é ajudar você a alcançar os objetivos estabelecidos de forma engajadora, segura e divertida.

Segura, pois cria o ambiente de aprendizagem adequado, permitindo que se erre sem consequências reais ou desastrosas e permitindo que se aprenda sobre as possíveis consequências em cada situação. Isso só é viável se a estrutura do *game* estiver bem montada, se você tiver testado, ajustado e testado novamente até que funcione de maneira a contribuir para o alcance do objetivo estabelecido.

Este livro não pretende esgotar o assunto, mesmo porque isso não seria possível. O que pretendo aqui é oferecer o conteúdo necessário para que você inicie sua jornada no desenvolvimento de soluções *gamificadas* com foco em aprendizagem de maneira estruturada, simples e prática.

Se você não entende nada de tecnologia e não costuma jogar, fique tranquilo. O *Gamification* não é aplicável apenas com o uso de tecnologia, muito pelo contrário. Ele existe nas formas mais primitivas e onde menos imaginamos que ele possa estar.

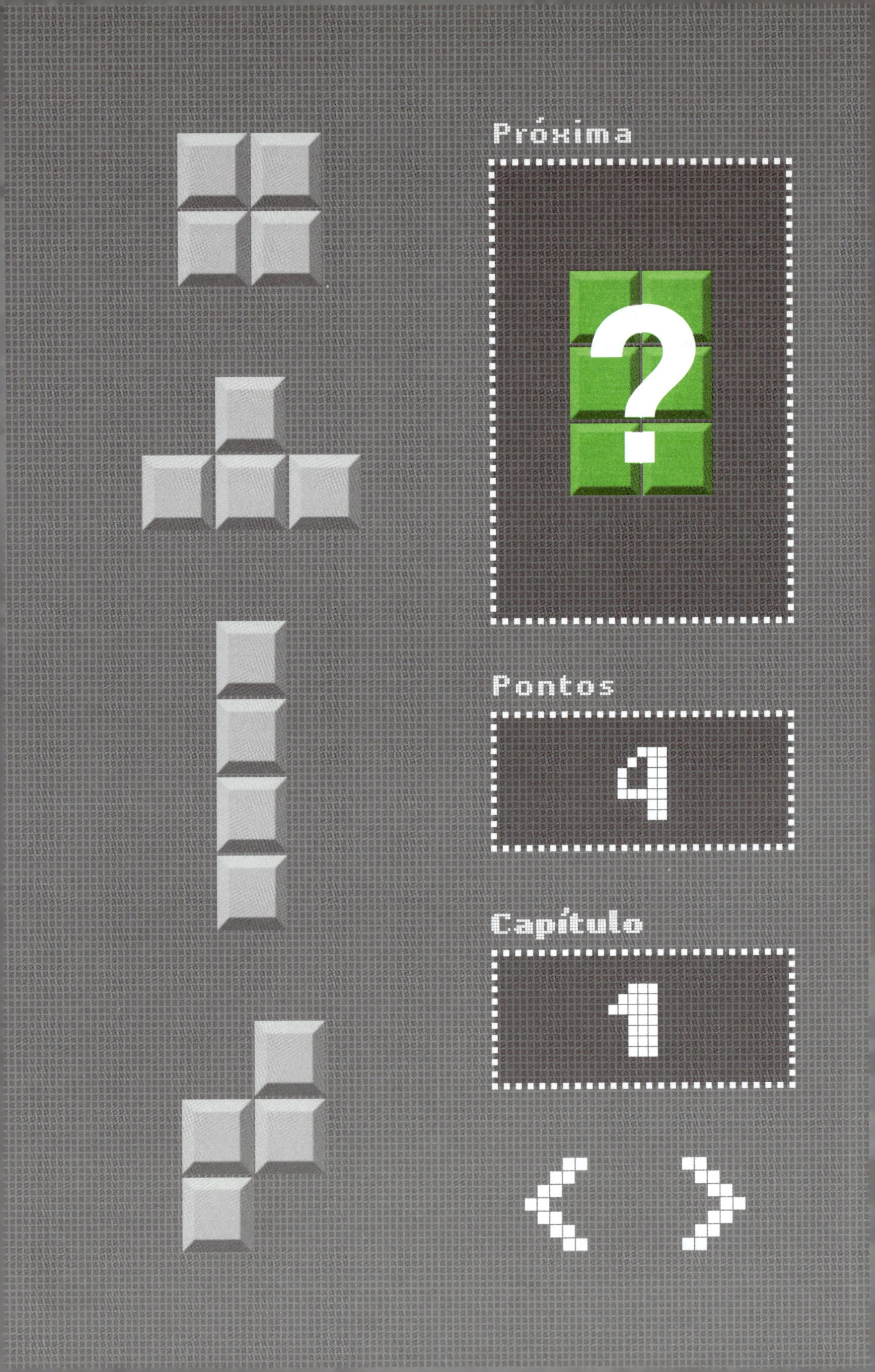

Próxima

Pontos

4

Capítulo

1

< >

Gamification na prática

"Mesmo desacreditado por todos, não posso desistir, pois para mim, vencer é nunca desistir".

(Albert Einstein)

OBJETIVO DE APRENDIZAGEM

Ao final deste capítulo você saberá:

- Explicar os aspectos de um *game* que tornam a aprendizagem mais fácil.
- Citar 3 exemplos de *Gamification* e argumentar sobre a mudança de comportamento promovida por sua utilização.

INTRODUÇÃO

Você não gosta muito de jogos e ainda não consegue imaginar o que podemos aprender com os *games* e que seja aplicável quando o assunto é aprendizagem. Bem, este é um livro sobre *Gamification* então convido você a fazer uma pausa em sua leitura. Isso mesmo, convido você a jogar a primeira fase de um *game* chamado "Plants vs. Zombies[1]". Encontre o jogo na internet, jogue a primeira fase e em seguida continue sua leitura. Divirta-se!

Se está lendo novamente imagino que já tenha jogado. Pense um pouco na experiência e reflita sobre essas perguntas:

- Você se divertiu?
- Foi fácil aprender a jogar?
- Quanto tempo demorou para entender o objetivo do jogo?
- Como sabia se estava indo bem ou não?
- O que indicava para você que tinha concluído uma etapa com sucesso?
- Você pensou em algum problema que tinha que resolver enquanto jogava?
- Como você se saiu?

---

1 – Para jogar acesse: http://www.popcap.com/games/plants-vs-zombies/*on-line*

Você deve ter notado que, ao entrar no *site* teve que esperar o jogo carregar. Enquanto isso acontecia, você contemplava uma imagem que permitiu conhecer imediatamente o cenário e os personagens do jogo. Uma pequena "faixa de grama" foi se desenrolando sobre a terra para sinalizar que o jogo estava carregando e o quanto faltava para carregar, informando a você o que estava acontecendo.

Logo em seguida, esta mesma "faixa de grama" se desenrolou entre a sua casa e a entrada do jardim, formando um caminho. Sem que houvesse necessidade de texto ou explicação, setas e imagens em destaque orientaram você sobre o que fazer para se defender dos "*zumbis*" que tentavam invadir sua casa utilizando o gramado como caminho.

Agora pense no seu último treinamento. Quantos *slides* ou quanto material didático você teve que desenvolver para explicar às pessoas o que deveria ser feito? Compare com sua experiência aprendendo a jogar "*Plants vs. Zombies*". Note quantas correlações podemos fazer com nosso trabalho em uma experiência de no máximo 10 minutos.

Muito do que você vivenciou neste curto intervalo de tempo pode ser aplicado na prática em seus programas de treinamento, destaco aqui alguns aspectos que provavelmente facilitaram a sua aprendizagem e o mantiveram engajado para jogar:

- A estética do jogo, o *design*, facilitou o reconhecimento do cenário e de seus personagens.
- O objetivo do jogo era claro, você sabia, de alguma forma, que precisava defender sua casa que estava sendo invadida pelos *zumbis*.
- As instruções foram simples e objetivas, guiando você para o que era necessário fazer sem a necessidade de texto explicativo.
- O grau de dificuldade foi aumentado gradativamente de forma a manter você engajado, ou seja, não foi fácil a ponto de você achar que não tinha graça nem difícil a ponto de você desistir por achar que não seria possível.
- O sistema de *feedback*, mostrando o seu progresso até que você pudesse plantar mais, assegurou que você estava no caminho certo.

EXEMPLOS PRÁTICOS E COMPORTAMENTO

Gostamos de jogar, os *games* são divertidos, são engajadores. Até mesmo a nosso desejo de trabalhar em uma determinada empresa pode aumentar quando sabemos que os *games* são parte de sua estratégia de produtividade. Um estudo sobre *Gamification* publicado em junho de 2011[2] por SAATCHI & SAATCHI aponta que 55% das pessoas que foram pesquisadas teriam interesse em trabalhar em uma empresa que oferecesse *games* como uma forma de aumentar a produtividade.

Talvez agora você esteja se perguntando: será que os *games* podem mudar um comportamento? E a resposta é sim. *Games* podem mudar comportamentos. Somos seres sociais e como tais gostamos de compartilhar nossas experiências, comparar nossa rotina com a rotina de nossos amigos e precisamos muitas vezes, de companhia e motivação para alcançarmos um objetivo pessoal como por exemplo fazer exercícios.

Para pessoas sedentárias e com muitas atividades, manter níveis adequados de atividade física é um verdadeiro desafio. Principalmente porque correr sozinho pode ser muito monótono. O que a Nike fez ao criar o aplicativo *Nike+ Running*[3] foi adicionar uma nova dimensão ao ato de correr. Você não apenas corre, você **também** corre. Um GPS marca seu percurso, o seu ritmo é registrado por todo o caminho, você acompanha o consumo calórico, conta passos, ouve música enquanto corre e ainda compartilha nas redes sociais podendo assim receber o incentivo de seus amigos durante sua corrida.

O uso de elementos de *games* (*feedback* em tempo real, evolução em relação ao seu objetivo e diferentes fases de rendimento) mobiliza você para fazer exercícios, acompanhar seu progresso e perseguir seus objetivos. Isso contribui para que você mude seu comportamento. Assim como este, há inúmeros outros aplicativos com esta mesma finalidade. Um dos mais utilizados hoje é o "*Zombies, run!2*[4]". A história do aplicativo leva você para um cenário no qual você precisa correr e adquirir suprimentos para estocar em sua casa sobrevivendo, assim, a um ataque de "*zumbis*". Mais de 750.000 pessoas já aderiram ao aplicativo e mudaram seus hábitos.

---

2 – Para ver o estudo acesse: http://pt.slideshare.net/Saatchi_S/gamification-study

3 – Para saber mais acesse: http://nikeplus.nike.com/plus/products/gps_app/

4 – Para saber mais acesse: https://www.zombiesrungame.com

A mudança de comportamento, no entanto, não se restringe ao campo da atividade física, hoje há centenas de iniciativas que provam que a diversão, o uso de elementos de *games* como os distintivos e placares podem mudar comportamentos.

A Volkswagen é responsável por uma iniciativa conhecida como "*The Fun Theory*[5]". Este é um *site* dedicado à crença de que muitas vezes a simplicidade da diversão é a forma mais fácil de mudar o comportamento das pessoas para melhor, seja para você mesmo, para o ambiente ou para algo totalmente diferente. O foco é não só a mudança, mas a mudança para melhor.

Em 2010, Kevin Richardson foi premiado por sua ideia de "loteria de câmeras de controle de velocidade"[6]. Uma ideia simples, que recompensa aqueles que obedecem aos limites de velocidade. Ele conta que foi aterrorizado durante anos depois de ter testemunhado o atropelamento de 3 crianças. Segundo ele, a partir deste dia ele permaneceu pensando sobre o que poderia fazer para contribuir para que os motoristas diminuíssem a velocidade ao dirigir. Kevin relata que a loteria da câmera de controle de velocidade está na intersecção de alguns fatores sobre os quais refletiu e que foi projetada considerando essas limitações ou constrições:

- Se as câmeras de controle de velocidade não vão desaparecer, como podemos mudá-las?
- O que podemos fazer para que seja mais divertido dirigir respeitando os limites de velocidade?
- Podemos criar a partir daí um cenário que seja justo?
- Como podemos tirar o incentivo do lucro com as multas do caminho para que possamos nos concentrar em segurança?

A resposta final veio a partir da observação do quanto se gasta com um sistema que envolve policiais, multas, tribunais, aumentos com seguros de veículos, etc. Onde está a recompensa para aqueles que estão fazendo as coisas de forma correta? Parecia que cumprir a lei era uma empreitada bastante solitária, uma vez que, dirigir em obediência aos limites de velocidade não produzia nenhum benefício imediato.

---

5 – Para saber mais acesse: http://www.thefuntheory.com

6 – Para saber mais acesse http://www.youtube.com/watch?v=iynzHWwJXaA

Assim, a ideia de Kevin funcionou de forma simples: "Fotografe a todos, multe a quem ultrapassa os limites de velocidade e destine esse dinheiro, ou parte dele, para aqueles que obedecerem à lei". Simples assim.

Kevin Richardson, que é o Produtor Sênior da unidade de *games* para crianças e famílias na Nickelodeon em São Francisco compartilha que seu maior aprendizado foi: "Pegue aquilo que você deseja gamificar em seu valor facial, ou mais evidente. Identifique o que está tornando esta coisa frustrante, aborrecida ou não divertida e veja como remover esses problemas. Trabalhe de trás para frente a partir do resultado que você deseja obter. Projete para isso. Obtenha resultado por meio de *feedbacks* positivos mirando naquilo que você deseja que o jogador faça. Se incluir *feedbacks* negativos, que seja em um número mínimo. Foque na DIVERSÃO. Há pouquíssimas coisas na vida que não podem se tornar mais divertidas, em pequenas ou grandes maneiras.

Não é necessário ter computadores, apenas a sua imaginação e o acesso a nosso mais primitivo de todos os desejos: curtir a vida e jogar. Observe as crianças. Lembre-se como era brincar como uma criança e tente contemplar tudo isso no seu projeto".[7]

Com isso reafirmamos que o *Gamification* não ocorre apenas quando é possível o uso de tecnologia. O que conta é como você desenha e não qual será o meio de entrega de seu projeto, que pode ou não depender da tecnologia.

---

7 – Leia a entrevista completa de Kevin Richardson em http://www.gamification.co/2011/02/24/gamification-for-a-better-world-speed-camera-lottery/

O QUE LEVAR EM SUA BAGAGEM

[1] Cite 3 aspectos que facilitaram o seu entendimento quando jogou "Plants vs. Zombies" e que podem ser utilizados em seus treinamentos.

[2] Na sua opinião, os *games* podem mudar o comportamento das pessoas para melhor? De que maneira?

[3] Qual foi o maior aprendizado de Kevin Richardson ao criar a "Loteria das Câmeras de Controle de Velocidade"?

GAMIFICATION

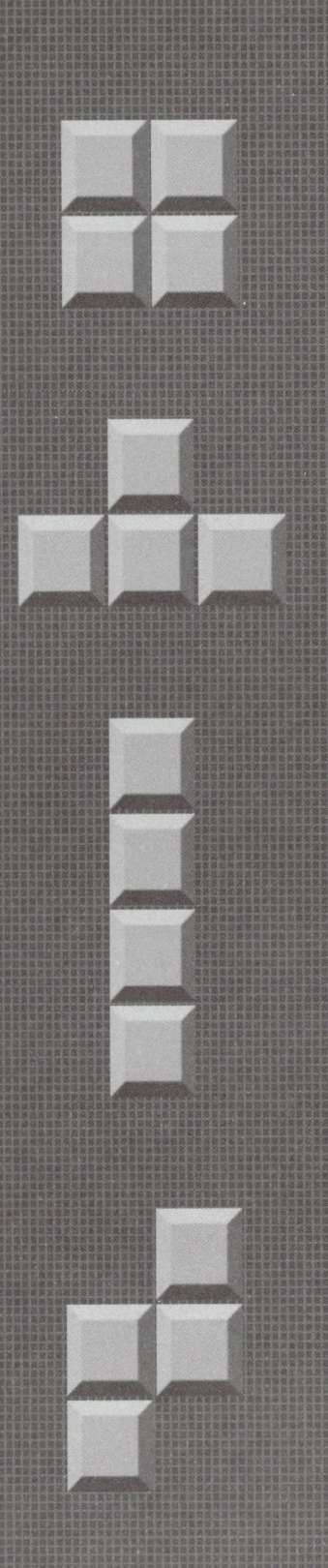

Próxima

Pontos

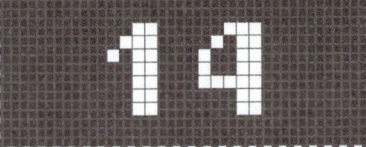

14

Capítulo

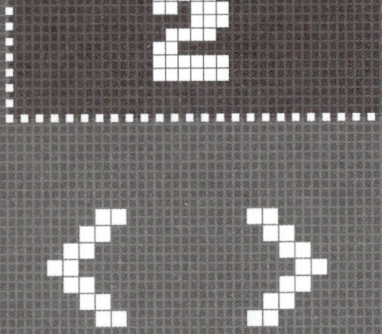

2

< >

O que é Gamification

"Nós não paramos de brincar porque envelhecemos, mas envelhecemos porque paramos de brincar".

(Oliver Wendell Holmes)

OBJETIVO DE APRENDIZAGEM

Ao final deste capítulo você saberá:

- Explicar o que são jogos, argumentando sobre sua origem e relevância cultural.
- Definir *Gamification* e citar diferentes áreas para as quais ele agrega valor.
- Definir *Gamification* com foco em aprendizagem.

INTRODUÇÃO

Entender *Gamification* implica na compreensão do que são *games*. Ludwig Vickenstein, filósofo austríaco, naturalizado britânico e um dos principais responsáveis pela virada linguística na filosofia do século XX, fala da dificuldade de utilizarmos a linguagem na definição de coisas. Fazemos uso do mesmo vocabulário para nos referirmos a coisas distintas e assim ficamos expostos à imprecisão.

Com a finalidade de ampliarmos a nossa compreensão, não defenderei neste livro esta ou aquela teoria. Ao contrário, oferecerei aqui diferentes perspectivas e aspectos com os quais todas corroboram com o objetivo de conceituarmos o *Gamification*.

A ORIGEM DOS *GAMES* E ALGUNS ASPECTOS FILOSÓFICOS

O olhar da filosofia nos convida a refletir sobre os *games* a partir de sua natureza e significado cultural. O *game* é algo ainda mais antigo que a cultura, uma vez que cultura pressupõe a existência da sociedade humana. Os animais também brincam e, se observarmos um grupo de animaizinhos brincando, perceberemos que reproduzem atitudes e gestos que parecem um certo ritual. Brincam e se mordem com uma força que parece controlada para não machucar o outro e evidentemente se divertem com essas brincadeiras.

Desta simples observação concluímos que o jogo parece ser mais do que apenas uma manifestação biológica, ele é uma função significante e isso é muito importante quando o transportamos para o *Gamification*.

Parece haver no jogo algo que vai além das necessidades da vida, parece haver algo mais "em jogo" e, segundo o filósofo Johan Huizinga, o fato de o jogo conter um sentido, implica na presença de um elemento não material em sua essência[1].

Tanto a psicologia quanto a filosofia procuram investigar o jogo com o objetivo de entender sua natureza e de alguma forma situá-lo no sistema da vida. Nota-se que há muitas divergências na tentativa de se definir a função biológica do jogo e as três mais frequentes são:

- Descarga de energia vital super abundante.
- Satisfação de um certo instinto de imitação.
- Necessidade de distensão.

Todas as teorias partem do mesmo ponto, acreditando que o jogo se encontra conectado a algo além do próprio jogo, atribuindo a ele alguma função biológica. Uma das teorias atribui ao jogo o papel de preparar o jovem para as tarefas que ele mais tarde terá de executar e aqui encontramos evidências de que os *games*, nas diferentes culturas, contribuem para o processo de aprendizagem.

A natureza poderia ter utilizado outros mecanismos que atendessem às funções de descarga de energia, satisfação de um certo instinto de imitação e até a necessidade de distensão, mas não, ela nos deu a diversão do *game*. E aqui acrescenta-se algo mais a este universo.

Um *game* é uma atividade voluntária, que fazemos porque queremos, espontaneamente. Se tivermos que jogar porque alguém nos ordenou, deixa de ser um *game*. Ele também não é algo essencial, pode ser considerado algo supérfluo e só se torna urgente se o prazer que se sente com a atividade o transformar em uma necessidade.

Ao transportarmos os *games* para o ambiente de aprendizagem, vamos utilizar os elementos de um *game*, mas na essência não será puramente

---

1 – Para saber mais: Homo Ludens – Johan Huizinga – Editora Perspectiva

um *game*, pois na maioria das vezes ele não será uma atividade voluntária e sim inserida em um contexto de aprendizagem. Podemos dizer que os *games* possuem algumas características fundamentais:

- O fato de ser livre, ser uma atividade voluntária contendo assim um certo sentido de liberdade.
- O *game* não é a vida real, ao contrário, ele é um momento de evasão da vida real. Guarda em si um certo "fazer de conta" e basta observarmos as crianças para termos a clara noção de que sabem exatamente quando é real e quando é "faz de conta".
- Distingue-se da vida comum pelo lugar e duração que ocupa, ou seja, acontece em um intervalo de tempo e espaço delimitados, possui um caminho e sentido próprios.
- O *game* cria ordem. Reina dentro do *game* uma ordem específica que foi estabelecida por ele. Podemos dizer que o *game* introduz à confusão da vida uma perfeição temporária e limitada.

Por essas características, durante o período de tempo que jogamos, estamos imersos em um mundo onde parecemos fascinados. É como se o *game* nos tivesse cativado e oferecido algo de que necessitamos, ele nos oferece ritmo e harmonia.

Merece destaque a importância da presença de uma certa tensão que significa incerteza, acaso. Há por parte do jogador um esforço para o desenlace. A tensão também confere ao jogo o valor ético, uma vez que por mais que se deseje ganhar ou finalizar, é necessário obedecer às regras do jogo. A presença dessas regras determinam o que vale neste mundo temporário delimitado pelo jogo.

Este mundo circunscrito é o que o filósofo Johan Huizinga chama de círculo mágico[2], ilustrado na Figura 1 a seguir:

---

2 – Para fazer o download do pdf que aborda o tema: http://www.academia.edu/2962130/Ludic_Identities_and_the_Magic_Circle

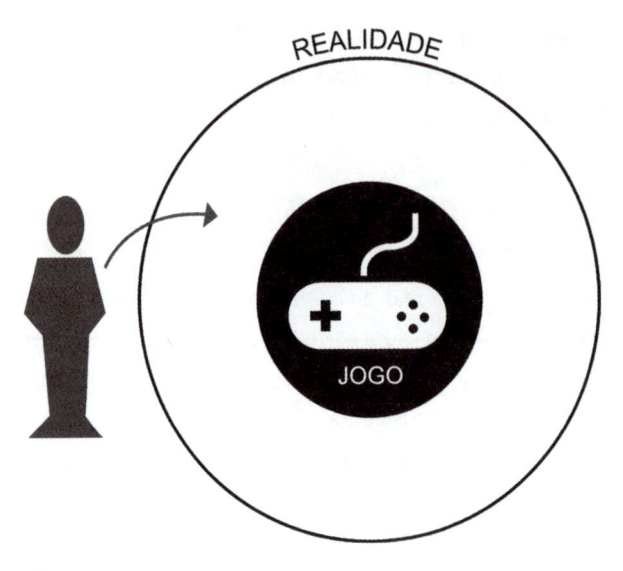

Figura 1: Círculo mágico é o espaço delimitado que cria uma barreira entre a atividade do *game* e a realidade

Para compreender o conceito do círculo mágico basta pensar no que acontece em um campo de futebol quando alguém vai assistir a um jogo do seu time favorito ou então quando alguém está jogando *vídeo game* e não vê o tempo passar. É como se houvesse uma barreira que divide o mundo dos jogos da realidade.

O QUE SÃO GAMES

Conceituar *Gamification* exige a compreensão de sua origem. Com base no que vimos até aqui podemos começar com o pensamento de que os *games* são uma superação voluntária de obstáculos desnecessários. Desta simples reflexão avançamos para o conceito apresentado pelo Professor Kevin Werbach[3] em suas aulas na formação em *Gamification* oferecidas gratuitamente pela Coursera[4].

> "O game é uma atividade ou ocupação voluntária exercida dentro de certos limites de tempo e espaço segundo regras livremente consentidas, mas absolutamente obrigatórias, dotada de um fim

---

3 – Kevin Werbach é professor em Wharton University of Pensylvania.

4 – https://www.coursera.org

em si mesmo e acompanhada de um sentimento de tensão, de alegria e da consciência de ser diferente da vida cotidiana."

Uma vez que nosso objetivo é compreender os *games* como base conceitual para o *Gamification* aplicado à aprendizagem, faz-se necessário buscarmos uma definição que melhor fundamente nosso trabalho.

A definição apresentada por Karl M. Kapp em seu livro *"The Gamification of learning and instruction*[5]*"* nos oferece uma perspectiva melhor que servirá de base para a análise que vai nos conduzir ao *Gamification*.

"Um game é um sistema no qual jogadores se engajam em um desafio abstrato, definido por regras, interatividade e feedback; e que gera um resultado quantificável frequentemente elicitando uma reação emocional."

Note que esta definição nos oferece uma perspectiva muito interessante sob o ponto de vista da aprendizagem. Correlaciona objetivos alcançáveis e mensuráveis a um sistema definido por regras. Estabelece a premissa da interatividade e a presença do *feedback* essencial para o acompanhamento da evolução da aprendizagem.

Para que possamos avançar na construção conceitual do *Gamification* vamos fazer uma breve revisão em todos os elementos apresentados por ele nesta definição e estabelecer um *link* entre cada um deles e o contexto da aprendizagem e desenvolvimento de pessoas, seja no universo corporativo ou educacional.

Quando pensamos em um sistema, de alguma maneira estamos admitindo a estrutura proposta por Johan Huizinga (o Círculo Mágico), isso significa dizer que há um espaço delimitado no qual todos os elementos interagem entre si. É este aspecto que determina que cada parte do *game* impacta as demais e está integrada a elas.

A existência do jogador acrescenta uma pessoa interagindo com o sistema, independente do tipo de *game* ao qual estamos nos referindo, seja um jogo como o *Tetris*, um jogo de tabuleiro ou outro que você imagine neste momento.

A abstração está relacionada ao aspecto da fantasia, da realidade que só existe no espaço delimitado pelo *game*, ou seja, o *game* contém aspectos

---

5 – *The Gamification of learning and Instruction: game-based methods and strategies for training and education* / Karl M. Kapp

da realidade ou até mesmo a essência dela, mas o *game* não é uma cópia exata da realidade.

O desafio mobiliza o jogo. É a mola propulsora que desafia o jogador a atingir os objetivos, alcançar os resultados e se superar. Mesmo o jogo mais simples está de alguma maneira desafiando o jogador. Um jogo acaba se tornando aborrecedor quando o desafio deixa de existir.

As regras desempenham um papel de extrema importância no jogo. São elas que constroem a estrutura na qual o jogo vai funcionar e definem a sua sequência. As regras estabelecerão ao jogador aquilo que é e o que não é justo, e são elas que estabelecem as constrições. Isso significa dizer que por meio das regras podemos limitar a forma de se alcançar o objetivo, propondo diferentes situações e problemas até que o resultado seja alcançado. Desta maneira, para que o jogador alcance o objetivo ele precisa desenvolver o pensamento estratégico, uma vez que provavelmente os caminhos mais óbvios não são permitidos.

Um dos aspectos do jogo que o torna engajador é a presença do *feedback* constante. À medida que o jogador avança, ele sabe por meio de instrumentos como pontuação, mudança de fase ou reconhecimento, se está indo bem e o quão próximo ou distante está do resultado desejado. Esta clareza faz com que os jogadores utilizem o *feedback* para reproduzir um passo ou corrigir o rumo quando necessário.

Os *games* são elaborados de tal maneira que sabemos o que certifica a vitória. Este é um elemento concreto. Um *game* bem projetado permite que o jogador saiba exatamente quando ganha e quando perde, o que significa a vitória e como seu avanço é quantificado, seja por meio de um placar, uma afirmação de vitória como o "xeque-mate" do xadrez ou a conquista de um território maior que o de outros jogadores.

Emoções das mais variadas estão envolvidas no contexto dos jogos, desde o prazer da vitória até a tensão de uma derrota anunciada. O sentimento de conquista, de prazer ao se concluir um *game* é tão envolvente e intenso quanto o próprio sentimento de jogá-lo.

UMA PRIMEIRA CONCLUSÃO

Com esta primeira base conceitual sobre o que são *games* temos o terreno preparado para analisar aspectos dos jogos com os quais precisamos aprender para que possamos transportá-los para o ambiente organizacional.

Jane McGonigal[6] é *designer* de *games* e tem se dedicado ao estudo dos seus benefícios. Ela defende que os *games* podem nos ajudar a construir um mundo melhor e aponta para características deles que todos gostaríamos de encontrar em nossas organizações.

Ela estabelece uma analogia de extrema relevância para o entendimento do *Gamification* e sua aplicabilidade, apontando para 4 aspectos dos *games* que concluem esta definição.

Os *games* têm uma meta, que consiste no resultado específico que se espera de um jogador. A meta dá a ele o senso de propósito. Exatamente o que precisamos em uma organização para mobilizar uma equipe em busca dos objetivos estratégicos estabelecidos.

Em seguida, temos as regras que estabelecem como chegar ao resultado, limitando as formas óbvias e estimulando o jogador a explorar outros caminhos. Isto liberta a criatividade e estimula o pensamento estratégico que são hoje competências essenciais nas empresas de sucesso.

Outro aspecto é que o jogo apresenta um sistema de *feedback* que informa ao jogador quando ele está se aproximando da meta. O *feedback* oferecido em tempo real funciona como uma garantia de que a meta é atingível e, assim, oferece motivação para que o jogador continue a jogar. Exatamente o que precisamos estimular na rotina profissional.

Some a isso o fato de que a participação em um *game* é voluntária, ou seja, quem joga aceita a meta a ser cumprida, as regras estabelecidas e o *feedback* constante.

Este ambiente proporciona o alinhamento de pessoas diferentes para jogar juntas. Nas organizações isso corresponde a trabalhar com a riqueza da diversidade em busca de um objetivo comum de maneira alinhada. O estresse ou a tensão do jogo é intencional e promove o desafio prazeroso. O mesmo que é bem-vindo para que nossas organizações se movimentem em direção ao desenvolvimento e crescimento constantes.

---

6 – *Reality Is Broken: Why Games Make Us Better and How They Can Change the World*

O QUE É *GAMIFICATION*

Histórico

Gamification é um conceito emergente e no Brasil tem aparecido em diferentes grafias. Alguns utilizam *Gamification,* outros *gamefication* e o termo agora aparece também aportuguesado como: gameficação. Neste livro, optei por *Gamification* pois é como aparece na maior parte dos materiais que pesquisei e também porque se não traduzimos *game* para jogo, não me parece conveniente traduzir metade to termo.

O *Gamification* começou a acontecer há muito tempo quando, no ano de 1912, a marca americana Cracker Jack, de biscoitos e *snacks*, começou a introduzir brinquedos surpresa em suas embalagens. É claro que naquela época, tal prática não teve este intuito, mas foi se disseminando ao longo das décadas.

No ano de 1980, Richard Bartle, *game designer* e pesquisador britânico, foi envolvido em um projeto que recebeu o nome de "MUD1"[7] e foi o primeiro sistema de jogo *on-line*. Ele se parecia com um console de programação e foi a primeira vez em que pessoas puderam experimentar um espaço colaborativo. Hoje, ele diz que *Gamification* naquela época era mais ou menos como pegar algo que não era um jogo e transformar em um jogo.

Com o passar do tempo, começaram a surgir pesquisas sobre o assunto que já investigavam quais os fatores que tornam as coisas divertidas de serem aprendidas, como o estudo de Thomas W. Malone, professor do MIT, sob o título "*What makes things fun to learn? A study of intrinsically motivating computer games*"[8] que já estabelecia correlação entre a mecânica dos *games*, a diversão e a aprendizagem. Há também o livro de James Paul Gee[9] que fala sobre o que os *vídeo games* têm para nos ensinar sobre aprendizagem.

Em 2002, a categoria "*Serious games*" ganha proporção com o surgimento do *"Serious games moviment"*, que reúne empresas do setor privado, o meio acadêmico e também o militar, em busca de jogos que funcionassem como simulações, permitindo o aprendizado em ambientes seguros. Esta categoria, entretanto, não se enquadra no *Gamification* uma vez que visa à simulação e

---

7 – Para saber mais sobre como era o "MUD1" acesse: http://en.wikipedia.org/wiki/File:MUD1_screenshot.gif

8 – Para fazer o download do pdf deste estudo acesse: http://cci.mit.edu/malone/tm%20study%20144.pdf

9 – Livro: *What Vídeo games Have to Teach Us About Lerning and Literacy* – James Paul Gee

seu objetivo primordial é o uso de *games* para a promoção de impacto social.

É no ano de 2003 que o termo *Gamification* surge no formato que o conhecemos hoje. O termo é atribuído a Nick Pelling, programador de computadores e inventor nascido na Inglaterra, na década de 60. Ele funda uma consultoria chamada "Conunda"[10] com o objetivo de promover o *Gamification* de produtos de consumo. Como não tem muito sucesso, acaba fechando a empresa.

Em 2007, a Bunchball lança uma moderna plataforma de *Gamification* que é a primeira a incorporar a mecânica de jogos com o uso de placar, pontos e distintivos para servir a propósitos de engajamento. Hoje muitas empresas oferecem plataformas como essa.

Foi, entretanto, no ano de 2010 que o *Gamification* se proliferou alcançando o mercado de massa na ocasião. Espalham-se apresentações como a de Jesse Schell, *game designer* americano e professor na Universidade Carnegie Mellon[11]. Nessa apresentação, Schell ilustra como seria o mundo com a disseminação do *Gamification* para tudo e todas as categorias.

O vídeo de sua apresentação ganha proporções virais e chama a atenção das pessoas para o *Gamification*.

Ainda em 2010, Jane McGonigal lança seu livro "Reality is Broken" e, apesar de ela mesma não gostar do termo e não o utilizar, sua obra está repleta de exemplos de como os *games* podem gerar impacto positivo no mundo destacando a importância da diversão.

É no ano de 2011 que o conceito começa a amadurecer e surgem relatórios[12] e estatísticas sobre o assunto que hoje, comprovadamente, agrega valor a categorias de negócios e aprendizagem diversificadas.

Definição

Com base nos exemplos e histórico que vimos até agora podemos compreender com facilidade a definição oferecida por Gabe Zichermann[13],

---

10 – Para saber mais acesse: http://nanodome.wordpress.com/2011/08/09/the-short-prehistory-of-gamification/

11 – Para assistir a apresentação de Jesse Schell acesse: http://www.youtuve.com/watch?v=9NzFCfZMBkU

12 – Para saber mais acesse: http://bigdoor.com/blog/2011/12/14/gamification-goes-mainstream/

13 – Para saber mais sobre Gabe Zichermann acesse: http://en.wikipedia.org/wiki/Gabe_Zichermann

autor de "*Game-based marketing, Gamification by Design e The Gamification Revolution*".

Gabe é um palestrante reconhecido e está à frente o GSummit[14], onde especialistas do mundo todo se reúnem para compartilhar conhecimento, e *insights* sobre o engajamento e fidelização de consumidores e colaboradores.

> "*Gamification consiste no processo de utilização de pensamento de jogos e dinâmica de jogos para engajar audiências e resolver problemas*".
>
> (Gabe Zichermann)

Amy Jo Kim, autora de "*Community Building on the Web*" e designer de *social games* cujo trabalho vamos mencionar quando estivermos estudando os tipos de jogadores mais adiante, define *Gamification* como:

> "*A utilização de técnicas de games para tornar atividades mais divertidas e engajadoras*".
>
> (Amy Jo Kim)

Das duas definições acima podemos extrair o mesmo princípio, ou seja, ambas consideram que *Gamification* consiste no uso de elementos de jogos e técnicas de *design* de jogos em contextos diferentes de jogos.

Ainda assim, esta definição não alcança a especificidade necessária para o foco de nosso trabalho que é a aprendizagem.

A definição apresentada por Karl Kapp em seu livro "*The Gamification of Lerning and Instruction: Game based methods and strategies for training and education*" é simples e também a que melhor se ajusta ao campo da aprendizagem.

> "*Gamification é a utilização de mecânica, estética e pensamento baseados em games para engajar pessoas, motivar a ação, promover a aprendizagem e resolver problemas*".
>
> (Karl Kapp)

---

14 – Para conhecer o GSummit acesse: http://www.Gamification.co/gabe-zichermann/

Todos os aspectos de nossa discussão sobre *games* devem ser transportados para cá a fim de que possamos compreender a amplitude desta definição e assim obtermos o melhor resultado na aplicação do *Gamification* em nossos programas de treinamento.

Estar baseado em *games* implica na construção de um sistema no qual aprendizes, jogadores ou consumidores se engajarão em um desafio abstrato, definido por regras claras, interagindo e aceitando *feedback* com o alcance de resultados quantificáveis e com a presença de reações emocionais.

Nossa meta ao desenharmos programas de treinamento *gamificados* é criar algo que seja tão interessante e envolvente que nos permita fazer com que as pessoas queiram investir seu tempo, compartilhar seu conhecimento e contribuir com sua energia para o alcance do resultado, transportando-os para o círculo mágico definido por Johan Huizinga[15].

A palavra mecânica pode produzir a sensação de que pontos, níveis, fases, distintivos e placares são suficientes para transformar um treinamento cansativo em uma atividade atraente. Fuja desta armadilha. Estes elementos estão presentes sim na criação de um sistema *gamificado* e são muito importantes. Porém sua existência não garante o sucesso de seu *design*. Eles são uma parte e não o todo.

O pensamento de jogos consiste na chave para o sucesso. Lembra-se do exemplo que discutimos anteriormente quando mencionamos a criação da "Loteria da câmera de controle de velocidade"? O pensamento de jogos consiste em pensar sobre um problema ou atividade do dia a dia e convertê-la em uma atividade que contenha os elementos do jogo (competição, cooperação, exploração, premiação, *storytelling*).

Se há uma palavra-chave que não poderia ficar de fora em nossa definição esta é engajamento. Afinal, trata-se da meta explícita dos sistemas *gamificados*. Principalmente quando o assunto é aprendizagem em uma época em que facilitadores, professores e palestrantes disputam a atenção de seus aprendizes com a tecnologia.

Quanto ao público ou audiência, estas pessoas são os indivíduos que queremos ver engajados em nosso sistema *gamificado* e cuja ação queremos motivar. E motivar a ação é o nosso desafio. Para mobilizarmos pessoas para a execução de tarefas, solução de problemas e mudança de comportamento é

---

15 – Livro: Homo Ludens – Johan Huizinga

necessário que os desafios criados tenham seu grau de dificuldade ajustado de tal forma que não provoquem o efeito contrário. Lembre-se de sua experiência quando o convidei a jogar a primeira fase do jogo "*Plants vs. Zombies*". O grau de dificuldade inicial era baixo sem, contudo, fazer com que você perdesse o interesse e aumentou gradativamente à medida que você aprendia como jogar.

Nosso propósito é promover a aprendizagem e por isso elegi esta definição. Muitos dos elementos dos *games* são baseados em psicologia educacional e muitas coisas os professores já têm feito ao longo dos anos, como por exemplo oferecer *feedback* (correção de exercícios), a grande diferença é que o *Gamification* acrescenta uma nova camada de interesse ao trazer todos estes elementos juntos e acrescentar a eles a diversão.

A diversão é um elemento de extrema importância e faz com que tenhamos interesse e prazer em jogar. Jogamos porque é bom, por sentirmos prazer porque ao percebermos que estamos participando da construção de algo enquanto interagimos.

A resolução de problemas se intensifica por meio dos *games* por sua natureza cooperativa e por vezes competitiva. Aceitamos as regras do jogo, sabemos qual é a meta, concordamos em jogar com pessoas diferentes para alcançarmos os objetivos e aceitamos *feedback* corretivo para o alcance do resultado desejado. Some a isso os aspectos do desafio e o prazer de participar da construção de algo de maneira voluntária e você terá um grande volume de problemas resolvidos com muito mais inovação e eficácia.

CATEGORIAS ÀS QUAIS O *GAMIFICATION* AGREGA VALOR

Considerando o poder que os sistemas *gamificados* podem ter para motivar a ação, engajar as pessoas, promover a aprendizagem e resolver problemas, o alcance de sua utilização é também bastante amplo. Em termos organizacionais podemos agrupar as aplicações em duas categorias que chamamos de externa e interna, não no âmbito organizacional, mas sim no âmbito de uma comunidade com objetivos comuns.

Na categoria externa se enquadram todas as aplicações cujo público é o público externo a quem se deseja mobilizar, engajar, fidelizar. No caso de uma organização, muitas dessas aplicações estão relacionadas às áreas de Marketing, Vendas e engajamento do consumidor.

Já a categoria interna tem como público em uma organização os seus colaboradores e as aplicações podem ter diversos objetivos, entre os quais se encontra a aprendizagem que é o nosso foco.

Nesta categoria, a área de Recursos Humanos e Aprendizagem Corporativa se beneficiam muito, mas também é possível a criação de programas *gamificados* para o incentivo do aumento de produtividade ou *crowdsourcing*[16].

Há também uma categoria que chamamos de mudança comportamental e ela pode ser desenvolvida tanto interna quanto externamente. Nesta categoria estão aplicações desenvolvidas para sustentabilidade, saúde e bem-estar e finanças pessoais.

Os exemplos práticos são, na minha opinião, a melhor maneira de tangibilizarmos as possibilidades. Luke Hohmann[17] é o responsável pela criação da empresa *"Innovation Games"*. Segundo ele, este é um jeito seriamente divertido de se executar um trabalho e também resolver problemas. É dele o exemplo que veremos a seguir.

A cidade de San José, na Califórnia, enfrentou sérios problemas orçamentários que provocaram a redução dos serviços oferecidos pela cidade aos seus cidadãos, afetando diretamente seus moradores. O *game "Buy a Feature"* criado pela empresa *Innovation Games* reuniu a cidade no ano de 2011[18] pela primeira vez para discutir a melhor forma de utilizar o seu orçamento. Há quatro anos o evento se repete e ajuda a cidade a entender melhor as prioridades de sua comunidade e também promove o entendimento por parte dos cidadãos sobre as difíceis decisões que a prefeitura da cidade precisa tomar.

Os cidadãos já priorizaram reparos nas rodovias e a contratação de policiais e bombeiros, entre outros. No ano de 2014, a meta da cidade é saber como os moradores gostariam que seu governo aplicasse o potencial valor de 34 milhões de dólares que pode ser ganho com o aumento de impostos.

A exemplo do que já foi dito anteriormente, a utilização de *games* não está vinculada à existência da tecnologia e um excelente exemplo é este *game* utilizado pela cidade de San José que começou com eventos presenciais exclusivos, com o uso de calculadoras e dinheiro de brinquedo. Só agora em

---

16 – *Crowdsourcing* é um modelo de produção baseado na utilização da inteligência e conhecimentos coletivos e voluntários para a produção de conteúdo, desenvolvimento de novas tecnologias e solução de problemas.

17 – Livro: *Innovation Games: Creating breakthrough products through collaborative play* – Luke Hohmann

18 – Para saber mais sobre o evento que acontece em San José – CA acesse: http://conteneo.co/budgetgames/

seu quarto ano a versão *on-line* foi lançada e, mesmo assim, não excluiu os eventos com rodadas presenciais. No dia 18 de Janeiro de 2014, aconteceu o evento presencial e entre os dias 23 e 25 aconteceram as rodadas *on-line*, totalizando assim cerca de dez mil cidadãos envolvidos nas decisões que afetam suas rotinas e podem mudar suas vidas para melhor.

CONCLUSÃO

Gamification não é a transformação de qualquer atividade em um *game*. *Gamification* é aprender a partir dos *games*, encontrar elementos dos *games* que podem melhorar uma experiência sem desprezar o mundo real. Encontrar o conceito central de uma experiência e torná-la mais divertida e engajadora.

É importante distinguir as simulações do *Gamification* pois a simulação cria o ambiente tal qual é na realidade para que o indivíduo treine uma determinada performance. O *Gamification* "ouve" o que os *games* têm para nos ensinar, aprende a partir do *design* dos *games* e a partir da psicologia, gestão, marketing e economia. Finalmente, *Gamification* reconhece o poder da diversão.

Uma perspectiva interessante e conclusiva para situarmos o *Gamification* é oferecida por Sebastian Deterding[19] e sua equipe de pesquisadores no artigo "*From Game Design Elements to Gamefulnees: Defining 'Gamification'*". Eles utilizam dois eixos para situar o *Gamification* e distingui-lo de outros conceitos.

Na Figura 2, o eixo horizontal representa o que ele chama de *games* inteiros ou artefatos em oposição às partes de *games*. No outro eixo, jogar e brincar são os extremos opostos. Pense em jogar como algo que envolve regras, estrutura, ganhar e perder, enquanto brincar é a pura e exuberante diversão.

No artigo, eles nos oferecem estes quatro quadrantes entre os quais posicionam o *Gamification*. A brincadeira está no quadrante que utiliza um artefato inteiro, ou seja, o "brincar com alguma coisa". Aí estão os brinquedos. À direita deste quadrante, estão as brincadeiras que utilizam partes de jogos e que recebem o nome de "*Playful Design*", ou seja, há elementos de *design* de *games*, mas existe uma estrutura com regras, um sistema definido.

---

19 – Para saber mais faça o *download* do artigo em: bit.ly/o6aX1U

Em seguida, vem o quadrante onde estão os *games* com estrutura, regras, elementos e objetivos em seu todo e aí se encontram o que, para fins organizacionais, recebe o nome de jogos sérios. *Gamification* está no quadrante em que utilizamos elementos de *games* e jogamos por algo mais que a pura e exuberante diversão.

SITUANDO O *GAMIFICATION*

```
                    JOGANDO
                       ↑
    ┌──────────┐       │       ┌──────────────┐
    │  JOGOS   │       │       │ DESIGN COM   │
    │  SÉRIOS  │       │       │ ELEMENTOS DE │
    │          │       │       │ JOGOS,       │
    │          │       │       │ GAMIFICATION │
    └──────────┘       │       └──────────────┘
  TODO ←───────────────┼───────────────→ PARTES
                       │
    ┌──────────┐       │       ┌──────────────┐
    │BRINQUEDOS│       │       │ DESIGN COM   │
    │          │       │       │ ELEMENTOS DE │
    │          │       │       │ BRINCADEIRA  │
    └──────────┘       │       └──────────────┘
                       ↓
                    BRINCANDO
```

Figura 2: Adaptado do artigo "*From Game Design to Gamefulness: Defining Gamification*" – Sebastian Deterding, *et al*

O QUE LEVAR EM SUA BAGAGEM

[1] Quais os aspectos presentes nos *games* e que queremos ver reproduzidos em nossas organizações e programas de treinamento?

[2] Como o filósofo Johan Huizinga define o que acontece no momento de engajamento de uma pessoa em um jogo e como isso pode beneficiar os seus programas de treinamento?

[3] Qual a melhor definição de *Gamification* para o campo da aprendizagem e quais os elementos relevantes contidos nesta definição?

?

20%

GAMIFICATION

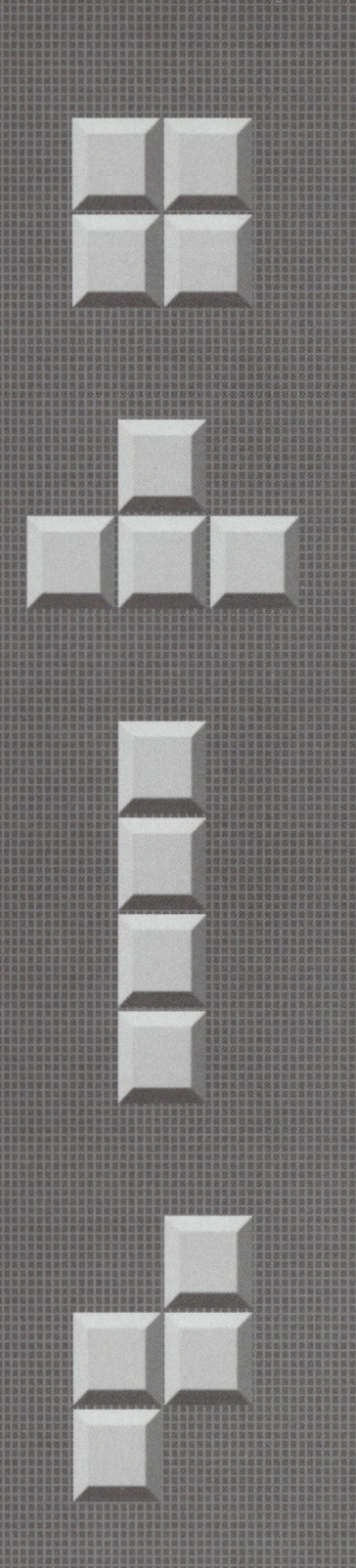

Próxima

Pontos

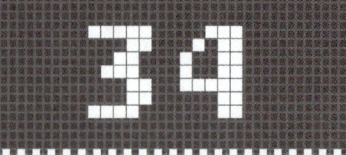

34

Capítulo

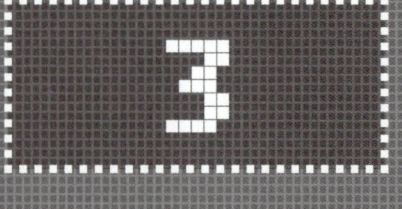

3

< >

Os elementos do *game* e o *Gamification*

"O todo sem a parte não é todo; A parte sem o todo não é parte; Mas se a parte o faz todo, sendo parte, não se diga que é parte, sendo todo".

(Gregório de Matos Guerra)

OBJETIVO DE APRENDIZAGEM

Ao final deste capítulo você saberá:

- Definir os elementos que constituem um *game*.
- Argumentar sobre a importância da correlação entre os elementos.
- Distinguir um *game* de um sistema *gamificado*.

INTRODUÇÃO

Um dos grandes desafios, senão o maior, quando decidimos trazer o *Gamification* para nossas soluções de aprendizagem, é desenvolvermos o "pensamento de *game*". Reduzir o *Gamification* a contagem de pontos, entrega de distintivos que simbolizem o sucesso e criação de painéis com placares e colocação de jogadores é uma grande armadilha.

A razão pela qual trazemos os *games* para nossos programas de treinamento é o poder que eles produzem no engajamento e a forma como podem promover a aprendizagem de maneira divertida e eficaz. No entanto, a utilização de um ou outro elemento que faz parte de um *game* não garante o sucesso. É necessário compreendermos a importância de cada elemento e a mecânica de funcionamento para que possamos transportar o "pensamento de *game*" para nossos programas de treinamento de modo a promover a aprendizagem de forma eficaz.

UM EXEMPLO PRÁTICO

É bastante provável que você não tenha conhecido um dos primeiros aplicativos para *smartphone* chamado Dodgeball[1]. Ele foi criado no ano de 2000 por dois estudantes da Universidade de Nova Iorque chamados Dennis Crowley e Alex Rainert. A empresa deles foi comprada pelo Google no ano de 2005. Seus fundadores eram dois estudantes que gostavam de sair e se encon-

---

1 – Para saber mais sobre *Dodgeball* acesse: http://en.wikipedia.org/wiki/Dodgeball_(service)

trar com os amigos em bares e o Dodgeball, criado por eles, era um aplicativo que mostrava para você um mapa com alguns bares ao redor por meio do qual você fazia *check-in* mostrando a seus amigos onde você estava.

O problema é que muitas vezes o mapa estava vazio, desse modo, fazer *check-in* não era algo engajador e divertido. No ano de 2007, Crowley e Rainert saem do Google e Crowley funda uma nova empresa junto com Naveen Selvadurai, o Foursquare.

É provável que esse aplicativo seja um grande conhecido seu. Acredito que até mesmo sua casa esteja entre os locais onde você faz *check-in* habitualmente.

Se você está no Foursquare faça uma pausa em sua leitura, vá até seu aplicativo.

- Verifique quantos *badges* você tem.
- Analise sua *expertise* de acordo com os seus *badges* para este fim.
- Quantos amigos seus estão no Foursquare?
- Navegue um pouco pelo seu histórico.

Tenho certeza que essa pequena pausa estimulou você a pensar em seus hábitos, lembrar de lugares que visitou e que gostaria de ver novamente e, seguramente, aproveitou também para pesquisar quais amigos seus estão ao seu redor agora.

Isso acontece devido à presença de alguns elementos e é para eles que nossa atenção se volta agora. Vamos analisar como os elementos de *games* e o pensamento de *games* fez com que o Foursquare eliminasse os problemas de engajamento apresentados pelo Dodgeball e o primeiro deles parece ser o fato de que o Dodgeball não oferecia opções. Ele era um sistema no qual você fazia *check-in* ou não, sem oferecer ao seu usuário nenhuma opção atraente. Criar opções para que o jogador possa fazer uma escolha é um ponto chave no *design* de *games*. Gostamos de saber que podemos escolher e no Dodgeball não havia razões claras para que o usuário ficasse no aplicativo.

O Foursquare mostra a você alternativas ao seu redor, você pode escolher lugares, comunicar-se com pessoas, deixar dicas, tirar fotos e postá-las e ainda compartilhar suas atividades em suas redes sociais.

O Dodgeball também não tinha um senso de progressão, se você fizesse um *check-in* ou cem, o resultado seria exatamente o mesmo. Somos seres sociais, gostamos de competir, ver o que nossos amigos estão fazendo, saber que posição ocupamos se comparados com outros, gostamos de fazer parte de um time.

Os Badges que você conquista e acumula no Foursquare têm essa finalidade. Eles contam um pouco sobre você, o que gosta de fazer e com que frequência. Eles também conferem *status* a você, reconhecendo o seu valor pela frequência com a qual você faz alguma coisa tornando isso público.

Havia no Dodgeball a oportunidade de tornar o *check-in* um hábito e foi exatamente isso que o Foursquare fez. Se você tiver que pensar conscientemente que tem que pegar o seu *smartphone* e fazer *check-in*, você não o faz, entretanto isso se tornou um hábito e você faz simplesmente por ser divertido.

O Foursquare introduziu uma série de elementos dos *games*. Criou o conceito de "prefeito" de um lugar. Você se torna o prefeito de um lugar ao ser a pessoa que tem o maior número de *check-ins* neste local. À medida que você progride, fazendo um maior número de *check-ins*, vai conquistando distintivos que ao longo do tempo falam muito sobre você e seus hábitos.

Ao acessar o seu perfil, além de ver o número total de *check-ins* que você já fez, um quadro à direita mostra suas conquistas, exibindo seus distintivos. Fica fácil também para você se comparar com os seus amigos e encontrar o que você procura.

Em janeiro de 2014, o Foursquare alcançou uma comunidade de mais de 45 milhões de pessoas em todo o mundo, o aplicativo tem mais de 5 bilhões de *check-ins*, acumulando mais milhões a cada dia. Mais de 1,6 milhão de empresas estão utilizando esta plataforma, que possui hoje mais de 170 funcionários considerando sua matriz em Nova Iorque, escritório em São Francisco e uma filial em Londres. Isso sem contar que a empresa hoje vale US$ 250 milhões[2].

Não podemos atribuir diretamente o sucesso do Foursquare ao *Gamification*, mas também não podemos desprezar o fato de que o uso do conjunto de elementos de *games* de forma a promover o engajamento fez com que o *check-in* se tornasse um hábito capaz de produzir milhões.

---

2 – Veja infográfico em: http://www.insidetechno.com/2011/01/24/foursquare-vale-us250-milhoes-confira-infografico-de-seu-crescimento/

O PODER DE SIMPLIFICAR O COMPLEXO

Vimos anteriormente que a aprendizagem assim como a tecnologia buscam simplificar o complexo, diferindo fundamentalmente na velocidade com a qual evoluem. Retomamos esta questão ao verificarmos que os *games* fazem a mesma coisa.

Pense em alguns dos jogos que você mesmo já jogou, ainda que tenha sido um jogo de tabuleiro na sua infância. Tenho certeza de que, em algum deles, provavelmente você tentava conquistar territórios, ou cuidar de uma cidade ou tantos outros cenários nos quais precisava tomar decisões baseadas em uma grande complexidade. De acordo com Karl Kaap, um *game* "pode ser visto como um modelo dinâmico da realidade no qual o modelo oferece uma representação da realidade em um dado período de tempo".

O fato de um *game* ser uma abstração da realidade faz com que o jogador compreenda o que está acontecendo, uma vez que a complexidade foi simplificada no contexto desse *game*. Além disso, oferece a possibilidade de análise entre a relação de causa e efeito num espaço de tempo que não seria possível no mundo real. Em um *game*, a relação existente entre os fatores são evidenciadas. Imagine por exemplo um *game* com foco em sustentabilidade, se o prefeito de uma determinada cidade não incentiva o uso de transporte coletivo e não cuida de questões ambientais, os jogadores mudam de cidade nas rodadas subsequentes.

A remoção de elementos da realidade faz com que o jogador se mantenha focado naquilo que é a essência do *game*. Se muitos elementos do mundo real estivessem envolvidos, o *game* perderia a graça. Para nós, em termos de aprendizagem, um dos maiores benefícios é o fato de que os *games* diminuem sensivelmente o tempo necessário para o aprendizado de um conceito, pois focados na essência do *game* diminuímos as resistências provenientes da realidade.

OS ELEMENTOS DOS *GAMES*

Os elementos dos *games* são a caixa de ferramentas que você utilizará para criar a sua solução de aprendizagem *gamificada*. O professor Kevin Werbach, em sua formação sobre *Gamification* para a Coursera[3], define os elementos de *games* como:

---

3 – Para saber mais sobre a formação acesse: https://www.coursera.org/course/Gamification

"Elementos são padrões regulares que podem ser combinados de diferentes maneira para que você construa um jogo".

Pense na construção de uma casa por exemplo. Independente da forma que ela terá enquanto produto final, há ferramentas e materiais que certamente estarão presentes nesta casa, combinados de forma diferente e empregados em lugares diferentes, mas certamente estarão lá.

Pensando dessa forma, observamos que existem inúmeros elementos que constituem este padrão em todos os *games*. *Megacity*, por exemplo, um *game* social que pode ser jogado no Facebook, contém muitos dos elementos que aparecem em muitos jogos, como os níveis, os pontos, a barra de progressão, os recursos já coletados, o gráfico social que mostra os seus amigos que estão jogando, os desafios e assim sucessivamente. Mesmo nos *games* mais simples, podemos observar esse padrão. Notamos que a presença de determinados elementos podem tornar os *games* mais engajadores e transformá-los em experiências nas quais queremos permanecer envolvidos, enquanto que outros não.

Em termos de aprendizagem, quando pensamos em *Gamification* estamos em busca da produção de experiências que sejam engajadoras e que mantenham os jogadores focados em sua essência para aprenderem algo que impacte positivamente a sua performance.

A Figura 3 ilustra que há duas formas de se pensar em um *game*. Ele pode ser pensado como o instrumento utilizado para se promover uma experiência, mas também pode ser pensado como resultado da combinação de uma série de elementos de forma a produzir determinada experiência. A segunda forma proporciona o "pensamento de jogos", pois ela nos leva a buscar a melhor combinação de elementos e como correlacioná-los de modo a produzirmos a experiência adequada para que a aprendizagem ocorra.

```
       EXPERIÊNCIAS
            ↓
          GAMES
            ↑
        ELEMENTOS
```

Figura 3: Adaptado da formação Coursera em *Gamification* do professor Kevin Werbach

Há alguns elementos que acontecem repetidamente e muitos são provenientes de *games* sociais ou *on-line*.

Kevin Werbach produziu um modelo para definir os elementos e ele mesmo pontua que o modelo não cobre todos os elementos possíveis, mas mostra os mais comuns. Ele também ressalta que não há um ou outro elemento que seja melhor ou mais eficaz, e sim finalidades para as quais este ou aquele elemento melhor se aplica para se alcançar um determinado objetivo.

O modelo de Kevin Werbach ilustra como diferentes tipos de elementos podem ser aplicados em diferentes formas e para diferentes objetivos.

Figura 4: Adaptado da formação Coursera em *Gamification* do professor Kevin Werbach

A Figura 4, representada por uma pirâmide, tem em sua parte inferior o que ele chama de componentes, no meio se encontra a mecânica e no topo a dinâmica. O entorno da pirâmide representa a experiência que buscamos promover por meio de nosso sistema *gamificado*. Parte crítica desta experiência é a estética empregada no *game*, pois ela é responsável por criar de alguma forma um senso de "verdade" para esta experiência e gerar a credibilidade necessária para que a experiência aconteça da forma como desejamos.

Muitos dos modelos existentes para o estudo do *Gamification*[4] se apoiam sobre este mesmo tripé: mecânica, dinâmica e estética. E a relação entre eles é essencial para o sucesso de um projeto com o uso de *Gamification*. Vamos analisar cada um desses aspectos para que possamos compreender os elementos e como utilizá-los em nossas soluções de aprendizagem *gamificadas*.

A dinâmica, que está no topo da pirâmide, é constituída por elementos responsável por atribuir coerência e padrões regulares à experiência. Eles

---

4 – Marc Leblanc & Robert Zubek desenvolveram um estudo chamado MDA. Para fazer o download do estudo acesse: http://www.cs.northwestern.edu/~hunicke/MDA.pdf

não são as regras, são a estrutura implícita e as regras podem estar em sua superfície, mas também incluem elementos mais conceituais. Entre esses elementos estão:

- **Constrições:** responsáveis por restringir o alcance do objetivo pelo caminho mais óbvio e assim incentivar o pensamento criativo e estratégico. São as constrições que criam no jogo escolhas que o jogador considera significativas. As constrições são as responsáveis por estimular o pensamento estratégico, pois são elas que impedem a solução do problema pelo caminho mais óbvio.
- **Emoções:** um *game* pode provocar uma grande diversidade de emoções, desde a alegria até a tristeza e tudo o que você pode imaginar entre uma e outra. Com o *Gamification* não acontece o mesmo, pois de alguma forma estamos conectados à realidade, uma vez que, que nosso objetivo é promover a aprendizagem, mas mesmo assim a emoção de alcançar um objetivo, ser motivado por *feedback* e recompensado pelo alcance de um resultado são essenciais.
- **Narrativa (*Storytelling*):** é a estrutura que de alguma forma une os elementos do sistema *gamificado* e faz com que haja um sentimento de coerência, um sentimento de todo. A narrativa pode ser explícita, e neste caso é *storytelling*, mas diferente do contexto dos *games* não é necessário que haja uma história. O essencial é que a narrativa do sistema *gamificado* permita aos jogadores estabelecer uma correlação com o seu contexto, criando conexão e sentido para que o sistema *gamificado* não se torne um amontoado de elementos abstratos.
- **Progressão:** diz respeito ao oferecimento de mecanismos para que o jogador sinta que está progredindo de um ponto a outro, para que de alguma forma verifique que vale a pena prosseguir.
- **Relacionamento:** pessoas interagindo, amigos, colegas de time, oponentes, são os elemento da dinâmica social que são também essenciais para o ambiente do *game*.

No nível seguinte, temos a mecânica de *games*. Aqui estão os elementos que podem ser considerados "os verbos" pois são eles que promovem a ação, que movimentam as coisas adiante. Há inúmeros mecanismos que podemos utilizar para movimentar um sistema *gamificado* e entre eles estão:

- **Desafios:** podem ser descritos como os objetivos que são propostos para os jogadores alcançarem durante o jogo. São eles que mobilizam o jogador a buscar o estado de vitória[5].
- **Sorte:** a possibilidade de envolver algum elemento no sistema *gamificado* que dê ao jogador a sensação que há alguma aleatoriedade ou sorte envolvida, como por exemplos cartas de "sorte ou revés".
- **Cooperação e competição:** apesar de opostas, ambas promovem no jogador o desejo de estar com outras pessoas engajados em uma mesma atividade, seja para que juntos construam alguma coisa ou para que um supere o outro em seus resultados, alcançando o estado de vitória.
- *Feedback*: o papel do *feedback* é fundamental pois ele faz com que o jogador perceba que o objetivo proposto é alcançável e consiga acompanhar o seu progresso escolhendo estratégias diferentes quando aplicável.
- **Aquisição de recursos:** muitos *games* utilizam recursos que você deve adquirir ao longo do jogo para que consiga algo maior. Quando você jogou a primeira fase de "*Plants vx. Zombies", no* início deste livro, precisou acumular o recurso "sol" para poder plantar mais ervilhas e se defender da onda de zumbis.
- **Recompensas:** são os benefícios que você, enquanto jogador, conquista e que podem ser representados por distintivos, vidas e direito a jogar novamente.
- **Transações:** as mais comuns encontradas são as transações de compra, venda e troca. Muitos sistemas *gamificados* utilizam essas transações como mecanismos para a movimentação para uma fase seguinte de maior complexidade.
- **Turnos:** é a simples existência de jogadas alternadas entre um jogador e outro presente até em *games* simples como o "jogo da velha".
- **Estados de vitória:** pode ser representado de diversas formas como um time ou jogador vitorioso, quem alcança o maior número de pontos, quem conquista o território maior, quem elimina o maior número de invasores, entre outros.

Na base da pirâmide estão os componentes do jogo. São formas espe-

---

5 – Estado de vitória é o que define que alguém ganhou por exemplo o xeque-mate no jogo de xadrez.

cíficas de fazer o que a dinâmica e mecânica representam, complementando a analogia com um determinado idioma, é como se fossem os substantivos.

- **Realizações:** diferentes dos desafios, são o mecanismo de recompensar o jogador por cumprir um desafio.
- **Avatares:** mostram ao jogador alguma representação visual de seu personagem ou papel no sistema *gamificado*.
- **Badges:** são as representações visuais das realizações ou resultados alcançados.
- **"Boss Fights":** é algo familiar para você se você é um jogador habitual. Consiste em um desafio grande como travar uma batalha muito difícil para que você consiga passar de uma fase ou nível a outro.
- **Coleções:** significa coletar e colecionar coisas ao longo do *game* como por exemplo ir conquistando peças de um quebra-cabeças que deverá ser montado no final do jogo, ou colecionar distintivos que atestam as realizações que você alcançou.
- **Combate:** a própria palavra o define. Trata-se de uma luta que deve ser travada.
- **Desbloqueio de conteúdos:** é o destravamento de conteúdo. Significa que você precisa fazer algo para que possa ganhar acesso a um conteúdo do sistema *gamificado*.
- **Doar:** o altruísmo ou as doações compõe um mecanismo que pode ser muito interessante e que faz com que o jogador deseje permanecer no *game* ou sistema *gamificado*.
- **Placar ou "leaderbord":** é provavelmente algo bastante familiar a você e consiste no ranqueamento dos jogadores, permitindo que o jogador veja sua posição em relação a seus colegas ou outros jogadores.
- **Níveis:** são graus diferentes de dificuldade que vão sendo apresentados ao jogador no decorrer do sistema *gamificado*, de forma que ele desenvolve suas habilidades enquanto avança de um nível ao outro.
- **Pontos:** dizem respeito ao *score*, à contagem de pontos acumulados no decorrer do *game* ou sistema *gamificado*.
- **Investigação ou exploração:** é o alcance de resultados implícito no contexto do *game* ou sistema *gamificado*, que implica em buscar algo, fazer algo ou ainda explorar e investigar para alcançar um resultado.

- **Gráfico social:** consiste em fazer com que o *game* ou sistema *gamificado* seja uma extensão de seu círculo social a exemplo do Foursquare.
- **Bens virtuais:** são coisas virtuais pelas quais os jogadores estão dispostos a pagar com moeda virtual ou até real, como por exemplo uma nova propriedade ou até mesmo um conjunto de cores diferentes para utilizar em desenhos durante o *game* ou sistema *gamificado*.

O modelo apresentado por Kevin Werbach propõe uma grande variedade de opções, sendo que nos níveis mais baixos da pirâmide estão os elementos que colocam em prática o que está proposto na dinâmica e mecânica que fazem com que o sistema funcione.

CONCLUSÃO

Experiência e *game* não são a mesma coisa. Experiência é a forma como você se sente quando joga. *Game* é o conjunto de regras, a estética, a combinação entre seus elementos que promove a experiência. Quando fazemos o *design* de um *game* estamos controlando o *game* e tentando produzir experiências. Os elementos são, assim, as peças que combinamos para promover determinada experiência.

Esses elementos podem ser classificados em diferentes níveis e, cada um destes níveis apresenta um conjunto de elementos, cada qual com uma função específica de acordo com o nível em que se encontra.

A definição de elementos possui aspectos muitas vezes abstratos, entretanto, analisando o modelo proposto pelo professor Kevin Werbach ilustrado na figura 4, a dinâmica é a responsável pelo direcionamento, pela estrutura do sistema *gamificado*, já a mecânica diz respeito aos mecanismos que serão utilizados e para os quais os componentes são fundamentais.

Retomando a definição de *Gamification,* mecânica, estética e pensamento de *games* trabalham juntos para que o sistema *gamificado* funcione. Cabe ressaltar a importância da narrativa, ou seja, do *storytelling* presente no sistema *gamificado,* pois sem uma história que crie significado para o jogador, a credibilidade do sistema fica prejudicada e a motivação para o engajamento no sistema deixa de existir porque perde a relevância.

O QUE LEVAR EM SUA BAGAGEM

[1] Defina elementos de *games* e explique a importância da relação entre eles no *Gamification*.

[2] Explique com suas palavras a hierarquia existente no modelo da pirâmide apresentado pelo professor Kevin Werbach.

[3] Na sua opinião, quais os elementos mais comuns nos *games* e também nos sistemas *gamificados*?

[4] No que os *games* diferem dos sistemas *gamificados*?

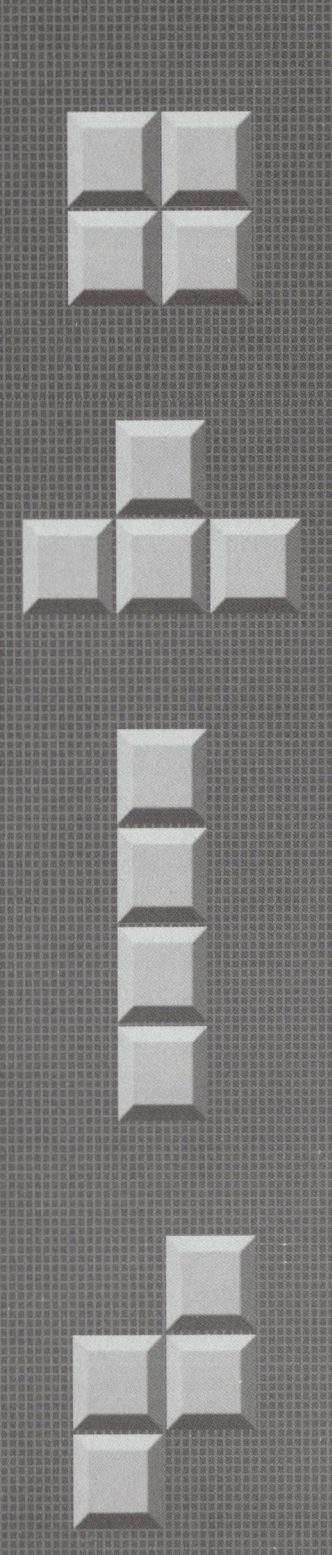

Próxima

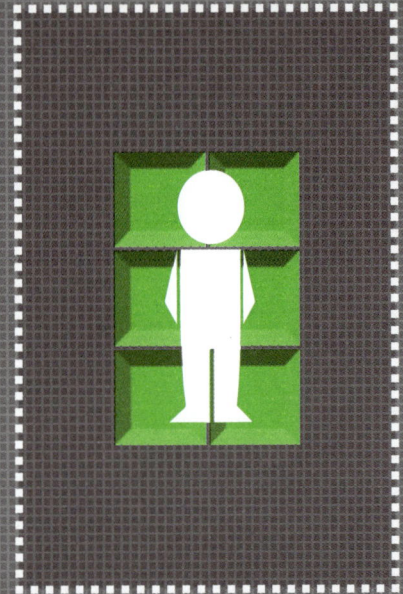

Pontos

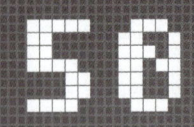

50

Capítulo

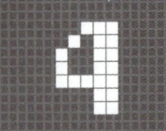

4

< >

Aspectos teóricos

"Todo efeito tem uma causa. Todo efeito inteligente tem uma causa inteligente. O poder da causa inteligente está na razão da grandeza do efeito".

(Allan Kardec)

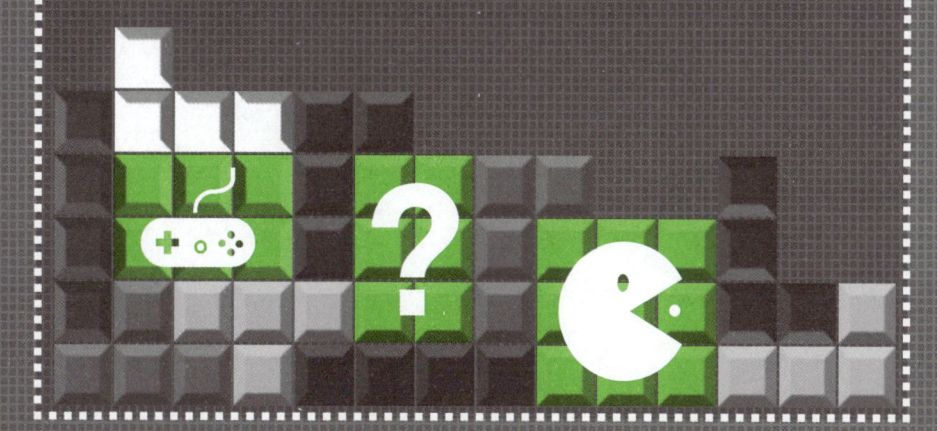

OBJETIVO DE APRENDIZAGEM

Ao final deste capítulo você saberá:

- Citar as teorias que embasam o uso de *games* para a aprendizagem.
- Estabelecer a relação entre elementos da teoria motivacional e sua aplicação em soluções de aprendizagem *gamificada*.

INTRODUÇÃO

Aprendizagem por meio do uso do *Gamification* é o objeto de estudo deste livro, mas o que está por trás da aprendizagem e que teorias motivacionais podem dar suporte para a utilização de soluções de aprendizagem *gamificadas*? Este capítulo aborda aspectos teóricos importantes e que devem ser considerados no momento de decidir pelo uso do *Gamification* e, sobretudo, durante sua arquitetura e desenvolvimento.

Definir aprendizagem pode ser uma tarefa mais complexa do que imaginamos a princípio. Kimble[1] define aprendizagem como uma mudança relativamente permanente no comportamento, resultante da experiência. Algumas vezes falamos em aprender sobre algo e outras vezes falamos em aprender como fazer algo. Alguns tipos de aprendizagem envolvem palavras, enquanto outros envolvem ações. É comum aos psicolinguistas estabelecerem essa distinção, contrastando conhecimento ou memória de procedimento (conhecimento procedural) a conhecimento ou memória declarativa (conhecimento declarativo). Notamos que aprender está ligado a modelar um comportamento.

Se definirmos a aprendizagem como o "processo por meio do qual conhecimento, valores, habilidades e competências são adquiridos ou modificados como resultado de estudo, experiência, formação, raciocínio e observação[2]", podemos fazer uma relação direta com o *game* à medida que podemos

---

1 – Hilgard and Marquis'Conditioning and Learning, 1961

2 – Para saber mais acesse: http://pt.wikipedia.org/wiki/Aprendizagem

promover experiências que geram respostas emocionais por meio do uso dos elementos dos *games* como vimos no capítulo anterior.

Tenho certeza de que você se lembra de alguma situação na qual aprendeu algo muito rapidamente como resultado de seu interesse pelo assunto em questão. Também não tenho a menor dúvida de que você se recorda ainda mais de algum momento em sua vida em que, apesar da necessidade de aprender algo, isso lhe custou muito principalmente se você não conseguia ver a relevância que isso poderia ter em sua vida.

A motivação influencia tanto o processo de aprendizagem quanto o seu conhecimento anterior e experiências relacionadas ao assunto em questão. O seu estilo de aprendizagem também afeta a forma e a velocidade com que você aprende. Pode ser que você seja explorador e goste de aprender por conta própria, buscando o conhecimento de que necessita em função da importância que isso tem para você num dado momento. É possível também que o desafio seja para você um grande motivador e mobilize a sua vontade para aprender algo. Ou ainda é possível que o simples fato de sentir que está contribuindo para a construção de algo desperte em você um sentimento altruísta que demonstre que a cooperação é fundamental para que você aprenda. Todos esses aspectos precisam ser levados em conta no momento de *gamificar*.

ASPECTOS TEÓRICOS E TEORIAS

A aprendizagem tem sido estudada e sistematizada em teorias desde os povos da antiguidade oriental. Com o passar do tempo e com sua evolução, além da pedagogia e teorias de aprendizagem, em diversas abordagens diferentes sobre o processo de aprendizagem temos estudado a andragogia, definida por Malcolm Shepherd Knowles[3] como a arte ou ciência de orientar adultos a aprender.

Hoje, também a heutagogia[4] (do grego: *heuta,* auto + *agogus,* guiar) nos propõe um processo educacional muito mais aderente à nossa realidade atual no qual o aprendiz passa a ser o único responsável pela aprendizagem. Isso nos convida a pensar nas diferentes formas de criar cenários que sejam atraentes e que motivem o aprendiz à sua exploração e descoberta. Neste cenário, o desenvolvimento de soluções de aprendizagem *gamificadas* são muito adequados.

---

3 – Livro: *The adult Learner: A neglected species* – Malcolm Shepherd Knowles

4 – Livro: *Self-Determined Learning: Heutagogy in Action* – Stewart Hase and Chris Kenyon

Em todas as teorias, a memória desempenha um papel fundamental no processo de aprendizagem, uma vez que desde o nosso nascimento, utilizamos a nossa percepção para ampliarmos nosso repertório e construir conceitos em função do meio no qual estamos inseridos. As imagens dos sentidos vão sendo fixadas e relembradas por associação a cada nova experiência e os efeitos da aprendizagem retidos na memória dependendo de estímulo ou necessidade de fixação para que permaneçam por meio de uma mudança neural que seja duradoura.

A nossa memória de curto prazo é reversível e temporária, e pouco importa para o processo de aprendizagem. Nosso desafio é fazer com que o conhecimento que precisa ser adquirido pelo aprendiz passe da memória de curto prazo para a de longo prazo (ou memória permanente) e este processo precisa acontecer rapidamente. De acordo com Erica J. Keeps e Harold D. Stolovitch, se uma informação não é tratada, começa a ser apagada e desaparece totalmente de 10 a 15 segundos[5], fazendo com que seja necessário que nossa solução de aprendizagem *gamificada* traga em sua arquitetura aspectos motivacionais que o aprendiz julgue relevantes para sua vida e, portanto, o levem-no a transportar essa informação de alguma maneira para sua memória de longo prazo.

No capítulo 2, quando definimos *games* e *Gamification* dissemos que um *game* é uma atividade voluntária, que fazemos porque queremos, espontaneamente. Se tivermos que jogar porque alguém nos ordenou, deixa de ser um *game*. Uma atividade voluntária é algo que você faz porque quer, porque algo motiva você a fazer.

Isso nos leva a um conceito chave para um *game* ou um sistema *gamificado* que é a motivação.

Grosso modo, podemos pensar que há duas correntes em psicologia diretamente ligadas à aprendizagem, sendo uma delas o Cognitivismo e outra o behaviorismo. Isso é claramente uma simplificação excessiva, mas uma vez que o nosso assunto é o *Gamification*, vou utilizá-la.

O Behaviorismo fala sobre o que as pessoas fazem sob o ponto de vista externo enquanto o Cognitivismo está relacionado com estados mentais, preocupando-se com o que acontece internamente. Ambos são importantes para o *Gamification* e a relação entre eles não é sempre bem compreendida

---

5 – Livro: *Informar não é treinamento* – Erica J. Keeps & Harold D. Stolovitch

por isso vamos reunir a seguir aspectos essenciais sobre a motivação e algumas teorias que irão nos auxiliar na construção de soluções de aprendizagem *gamificadas*.

MOTIVAÇÃO

Esta talvez seja, se não a maior, com certeza uma das maiores responsáveis pelo interesse crescente pelo *Gamification*. Você com certeza conhece casos de pessoas que simplesmente não conseguem parar de jogar e são, muitas vezes, considerados até viciados. Talvez já tenha também se perguntado por que os jogos são tão atrativos e a resposta está intimamente ligada à satisfação e prazer que o jogador sente.

As pessoas jogam, envolvem-se e dedicam seu tempo a esta atividade em busca de emoções positivas e diversão, desta forma a motivação é um ponto de extrema importância quando o assunto é *Gamification* e aprendizagem.

Motivação (do latim *moveres*, mover) em psicologia e também em outras ciência humanas é a condição do organismo que influencia a direção do comportamento, a orientação para um objetivo e, por isso, está relacionada a um impulso que leva à ação. Ela é por isso de extrema importância para o *Gamification* e consequentemente para soluções de aprendizagem *gamificadas*.

A motivação pode ser interna ou externa. Recebe o nome de motivação intrínseca quando é uma motivação interna, ou seja, o indivíduo é movido por suas próprias razões, independente de um estímulo externo. Já quando o indivíduo é movido por um fator externo, ela recebe o nome de motivação extrínseca. A compreensão de ambas e a discussão existente entre elas nos ajudará quanto ao conceito *Gamification* e também será muito útil na arquitetura das soluções de aprendizagem *gamificadas*.

Motivação é um assunto complexo, pois não somos motivados pelas mesmas coisas. Muitas vezes não temos consciência das razões pelas quais fazemos algumas coisas, pois estas podem ser complicadas e não diretamente relacionadas com as nossas experiências. Podemos fazer algo simplesmente porque alguém no diz ou porque seremos recompensados, mas existe muito mais do que isso. Muitas pessoas trabalham muito, mesmo se não são bem pagas. Fazemos coisas porque são divertidas e engajadoras.

Motivação intrínseca

Gosto de pensar na motivação intrínseca como algo que acontece quando você se diverte tanto no percurso de uma viagem quanto ao chegar a seu destino. A motivação intrínseca, para nós, em seus aspectos relacionados ao processo de aprendizagem, acontece quando o aprendiz quer aprender o que propomos, percebe a relevância da atividade proposta e desfruta do processo investigando, explorando e se engajando por conta própria, independente da existência de algum tipo de recompensa.

Devemos fugir da armadilha de pensar que isso transfere a responsabilidade total pelo aprendizado ou não de algum assunto ao aprendiz. Ao contrário, somos ainda mais desafiados a criar soluções que sejam interessantes e permitam ao aprendiz fazer uso de sua percepção ampliada pela motivação intrínseca, uma vez que as pessoas intrinsecamente motivadas participam de uma atividade pelo puro prazer da aprendizagem, pela sensação de realização.

Motivação extrínseca

Em oposição à motivação intrínseca, que faz com que tenhamos prazer tanto na viagem quanto na chegada ao destino, ou se você preferir, tanto no processo quanto em seu resultado, a motivação extrínseca é fruto do ambiente externo e nos leva ao Behaviorismo[6] que, de certa forma, considera o cérebro uma caixa-preta. Nosso cérebro funciona, mas só podemos testar o que entra e o que sai, não podemos testar o que está dentro dele.

O comportamento proveniente da motivação extrínseca acontece para que o indivíduo obtenha alguma recompensa ou evite uma determinada punição. Se você observar, por exemplo, que o comportamento de participar da aula e fazer perguntas com frequência faz com que o professor dê a você um ponto a mais em sua nota, você aprende a participar e fazer perguntas para melhorar a sua nota.

Podemos aprender muitas coisas com a economia comportamental e notamos que a tendência é termos aversão à perda e nos preocuparmos mais com isso do que com ganhos. Padrões exercem uma influência importante em nosso comportamento e é comum fazermos a escolha baseados em um padrão. Nós vemos o que queremos, pois nosso cérebro tende a procurar padrões.

---

6 – Para saber mais acesse: http://pt.wikipedia.org/wiki/Behaviorismo

O Behaviorismo nos alerta para observarmos o que as pessoas fazem, pois nem sempre fazem o que esperamos. Um exemplo disso é o caso que mencionei sobre a "Loteria da câmera de controle de velocidade", da *Fun Theory*. Você esperaria que as pessoas diminuíssem a velocidade sem uma multa diretamente implicada neste processo?

Quando o indivíduo envolvido em uma determinada situação recebe um *feedback* positivo tende a repetir o comportamento, a aprendizagem ocorre pelo reforço de um estímulo e podemos transportar essa conexão para nossa solução de aprendizagem *gamificada*.

UM CONVITE À REFLEXÃO: *GAMIFICATION* COMO UMA FERRAMENTA DE *DESIGN* INSTRUCIONAL

A partir de agora, convido você a refletir sobre a forma como tem feito o *design* instrucional de seus programas de treinamento – ou soluções de aprendizagem, como prefiro denominar. Dedique algum tempo para responder a essas perguntas (no final deste capítulo você encontra um espaço especial para isso).

Leia as perguntas abaixo, vá até a página 68 e preencha a autoavaliação proposta. Recomendo que continue a leitura quando finalizar essa atividade, pois isso fará com que sua percepção sobre o que pode funcionar para você seja ampliada a partir desta reflexão.

Perguntas:
- O que tem feito parte de sua análise de cenário, você tem avaliado qual melhor instrumento para cada situação?
- Como tem determinado os objetivos e resultados que deseja obter com cada solução de aprendizagem e de que forma tem preparado atividades que contemplem todos os estilos de aprendizagem?
- Qual tem sido a metodologia mais utilizada por você para a produção dos materiais dos seus treinandos ou aprendizes?
- Você tem traçado planos para a fase de implementação?
- Até que nível tem medido os resultados de sua solução de aprendizagem?

Se você está continuando a leitura neste momento, suponho que tenha completado a autoavaliação que foi elaborada para você. Ela foi desenvolvida para relembrar alguns dos passos essenciais para a arquitetura de uma solução de aprendizagem eficaz, pois **o *Gamification*, em sua essência, no campo da aprendizagem é uma ferramenta a mais que você deve levar em sua caixa e não a única, nem tampouco substitui as demais**.

Para que você tenha sucesso com a utilização deste novo recurso, precisará prestar atenção a cada um dos detalhes envolvidos no processo de aprendizagem, principalmente quando o foco do processo é o público adulto, pois só assim os objetivos que você busca atingir serão cumpridos.

Existem diversos modelos ou sistemas de *design* instrucional (ISD), mas quase todos são baseados no modelo clássico ADDIE que foi desenvolvido na Universidade do Estado da Flórida, no ano de 1975.

Eu particularmente gosto de utilizar este modelo em conjunto com outros, pois funciona como um *checklist* ou guia que contempla todos os passos essenciais no processo de criação de uma solução de aprendizagem. O *Gamification* será ou não utilizado por você mediante o que você descobriu em sua análise de cenário na primeira etapa do modelo ADDIE (*analysis* ou levantamento de necessidades). Se sim, o *Gamification* for uma boa estratégia instrucional, então você parte para o *design* que será tema de um capítulo específico neste livro.

Vimos que a motivação e a aprendizagem andam juntas, seja esta motivação intrínseca ou extrínseca. Situamos também o conceito *Gamification* no modelo ADDIE, que é um sistema de *design* instrucional, e agora vamos voltar os nossos olhos para alguns outros modelos com os quais também podemos aprender para melhor arquitetarmos as nossas próprias soluções de aprendizagem.

MODELOS MOTIVACIONAIS E APRENDIZAGEM

Em muitos dos modelos motivacionais relacionados ao processo de aprendizagem, tanto a motivação intrínseca quanto a extrínseca desempenham um papel importante. Estes modelos desempenham um papel muito relevante quanto ao *Gamification, pois* fundamentam a utilização dos elementos de *games* em nossas soluções de aprendizagem.

Modelo de 4 fatores ARCS
(Atenção, Relevância, Confiança e Satisfação)

John Keller[7] desenvolveu um modelo de 4 fatores conhecido como ARCS que é um acrônimo para Atenção, Relevância, Confiança e Satisfação. Este modelo fornece um plano para a incorporação de técnicas de motivação ao longo de uma solução de aprendizagem ou estratégia instrucional. Este é um modelo com foco no *design* instrucional, mas como vimos, o *Gamification* é uma ferramenta a mais para ser utilizada no *design* de nossas soluções de aprendizagem e, portanto, aplica-se também ao *Gamification*.

O primeiro elemento apresentado por Keller é a atenção, ou seja, é necessário conquistar a atenção do aprendiz para que ele se interesse pelo conteúdo. Isso pode ser feito por meio do fornecimento de exemplos com os quais o aprendiz possa se relacionar. Podemos também utilizar a incongruência ou adicionar um conflito para estimular a curiosidade por meio da apresentação de um problema que o aprendiz esteja interessado em resolver como, por exemplo, um "*role play*" ou ainda uma experiência vivencial. A atenção também pode surgir como o resultado do uso variado de métodos e proposições.

Quanto à relevância, ela faz com que a motivação aumente e para isso é necessário a utilização de uma estratégia adequada. Keller sugere seis estratégias que podem ser usadas:

- **Experiência:** Mostre aos aprendizes como o novo aprendizado utilizará habilidades que eles já têm. Aprendemos melhor quando construímos sobre conhecimentos que já temos.
- **Mostre que vale a pena:** Como este assunto pode facilitar a vida de quem vai aprender.
- **Utilidade futura:** O que este assunto pode fazer por mim amanhã?
- **Congruência com o objetivo:** Aproveite a vantagem da dinâmica do reconhecimento, tomada de risco, poder e pertencimento.

---

7 – Livro: *Motivational design of instruction* – John Keller e também acesse: http://www.learning-theories.com/kellers-arcs-model-of-motivational-design.html

- **Seja exemplo:** Seja o que eles querem ser, utilize convidados como "*sponsors*" e apoiadores, inclua vídeos e utilize os aprendizes mais rápidos como tutores.
- **Ofereça escolha:** permita que os aprendizes utilizem diferentes métodos para aprender ou dê oportunidade para que se organizem de acordo com suas escolhas.

A confiança é uma expectativa que os aprendizes têm, eles precisam saber que serão capazes de ser bem sucedidos, de aprender. Pense em você mesmo, quando você percebe que será capaz de aprender e que o material que foi oferecido a você atende às suas necessidades levando-o a alcançar os objetivos prometidos, você ganha confiança, não é mesmo?

Você pode ajudar o aprendiz oferecendo a ele clareza quanto aos objetivos e ajudando-o a entender as chances que tem de sucesso.

Deixe claro quais são os pré-requisitos e critérios e assegure-se de que tenham compreendido. Ofereça pequenas oportunidades de sucesso ao longo do percurso para que eles se certifiquem de que estão aprendendo e se desenvolvendo. Ofereça *feedback* para que o aprendiz saiba se está sendo bem sucedido e lembre-se de que em especial os adultos precisam sentir que têm um certo grau de controle quanto ao seu aprendizado. Eles precisam perceber que o sucesso é o resultado se seu esforço.

A satisfação é consequência da percepção de que o aprendizado tem valor e merece o esforço contínuo. É necessário que você ofereça ao aprendiz a oportunidade de aplicar, em uma situação real, o conhecimento adquirido para que possa ver o que aprendeu colocado em prática. Ofereça *feedback* e reforço, a satisfação é baseada em motivação tanto intrínseca quanto extrínseca.

A teoria da instrução intrinsecamente motivadora de Thomas Malone

Thomas Malone[8] escreveu sobre a motivação intrínseca investigando sobre o que faz com que os *games* sejam tão divertidos e motivadores. Segundo ele, uma atividade é intrinsecamente motivadora se a as pessoas engajam nesta

---

8 – Para ler o aritgo de Thomas Malone acesse: http://mailer.fsu.edu/~jkeller/EDP5217/Library/Curiosity%20&%20Attention/Attention/Malone(1981)%20Intrinsically%20Motivating%20Instruction.pdf

atividade pela própria atividade, ou seja, se as pessoas não estiverem engajadas nesta atividade para que recebam recompensas externas tais como recompensa financeira e *status*. Malone concluiu em sua pesquisa que há três elementos que tornam os *games* motivadores. São eles o desafio, a fantasia e a curiosidade.

Desafio

Para que um ambiente seja desafiador é necessário que ele envolva metas a serem alcançadas e incerteza quanto ao resultado. As metas são importantes em ambientes intrinsecamente motivadores e elas precisam ser significativas para quem está envolvido neste ambiente, seja ele o jogador ou o aprendiz.

É essencial que haja uma performance esperada e que esta performance seja clara para quem está envolvido. O jogador ou aprendiz precisa saber se está indo bem e o mecanismo que oferece esta certeza é o *feedback* concreto quanto a esta performance.

A incerteza quanto ao resultado pode ser obtida utilizando-se níveis de dificuldade diferentes que podem ser progressivos e determinados automaticamente, ou escolhidos pelo aprendiz ou jogador. Este nível pode ainda ser determinado pelo grau de habilidade de um oponente.

As metas ou objetivos podem também ser distribuídos em níveis diferentes que podem estar relacionados à obtenção de pontos ou velocidade na resposta. Pode ainda haver outras variáveis como uma informação escondida que precisa ser desvendada ou o acréscimo de um evento aleatório.

A percepção do aprendiz influencia essa motivação, por exemplo, se o aprendiz percebe um aplicativo como uma ferramenta, ele vai querer que este aplicativo seja fácil de usar e o dirija diretamente para seu uso, mas se ele vê o aplicativo como um brinquedo, vai esperar desafios para seu uso e será motivado a descobrir como utilizá-lo.

A autoestima é também um aspecto relacionado ao desafio, pois o aprendiz deve perceber que o aprendizado vai permitir que ele desempenhe melhor sua função sentindo-se melhor e portanto aumentando sua autoestima.

O desafio é, então, composto por uma meta, a incerteza quanto ao resultado, a percepção do jogador ou aprendiz quanto a ter a sua frente uma ferramenta ou um brinquedo e autoestima.

Fantasia

Para Malone, a fantasia é um ambiente que "evoca imagens mentais de coisas que não estão presentes aos sentidos ou na experiência real da pessoa" envolvida neste ambiente. Essas imagens podem ser objetos reais ou uma característica social como ser o vingador de um reino. Ele afirma em seu estudo que o uso da fantasia traz vantagens emocionais e cognitivas para o *design* de ambientes instrucionais. A fantasia também pode ser intrínseca ou extrínseca. Uma forma simples de tornar o aprendizado mais divertido é acrescentar uma "camada" de jogo a um conteúdo já existente, inserindo elementos como o futebol, em que o jogador marca gols à medida que aprende. Um excelente exemplo de fantasia extrínseca é o jogo da forca no qual o jogador ou aprendiz tenta evitar que seja enforcado, ou seja, está tentando evitar uma catástrofe por meio do seu acerto.

Nas fantasias extrínsecas, a fantasia depende da habilidade do jogador ou aprendiz e não o contrário. Já nas fantasias intrínsecas, ocorre o oposto. Não apenas a fantasia depende da habilidade, mas a habilidade também depende da fantasia.

Em fantasias intrínsecas, são apresentados problemas na forma de elementos da fantasia e os jogadores recebem uma espécie de *feedback* construtivo. Suponha um *game* em que o jogador precisa negociar com os sequestradores para liberar uma princesa. A negociação é um elemento do processo e ter sucesso nessa negociação permite que o jogador mude de fase, de nível. Em geral, fantasias intrínsecas são mais interessantes e instrutivas que as fantasias extrínsecas.

Há aspectos cognitivos bastante vantajosos, uma vez que as metáforas e analogias do tipo, oferecidas pelas fantasias intrínsecas podem frequentemente ajudar o jogador ou aprendiz a aplicar conhecimento já existente na compreensão de novas coisas.

As vantagens emocionais estão relacionadas a sentimentos que nos compelem como o desejo altruísta de ajudar alguém ou até mesmo salvar o mundo. Este aspecto é mais sutil no estudo de Malone, mas é fato que jogos de computador que envolvem aspectos emocionais têm mais sucesso que outros com menos fantasias emocionais.

Podemos, então, afirmar que existem fantasias intrínsecas e extrínsecas e há aspectos cognitivos e emocionais que são favorecidos com o uso da fantasia em ambientes de aprendizagem.

Curiosidade

Um ambiente pode provocar a curiosidade em um jogador ou aprendiz oferecendo um bom nível de complexidade de informação ou, posto de outra maneira, os ambientes não devem ser nem muito complicados nem muito simples, respeitando o conhecimento existente do aprendiz ou jogador.

Os ambientes precisam ser um pouco cinematográficos e surpreendentes, mas não completamente incompreensíveis. Um ambiente com complexidade ideal deve ser aquele em que o aprendiz sabe o suficiente para ter expectativas sobre o que acontecerá, mas eventualmente ocorre algo diferente do esperado.

A curiosidade sensorial envolve mudanças de luminosidade, som e outros estímulos sensoriais no ambiente. Não há nenhuma razão pela qual um ambiente instrucional deve ser sensorialmente pobre. Observe livros educativos coloridos e bem ilustrados, dispositivos de aprendizagem que funcionam com o toque, e programas didáticos bem montados.

A curiosidade cognitiva é despertada pela perspectiva de se modificar níveis mais altos de estruturas cognitivas. Para Malone, essa curiosidade é despertada quando você oferece ao aprendiz conhecimento suficiente para que ele sinta que o conhecimento que ele tem está incompleto ou insuficiente para resolver estruturas complexas, estimulando-o assim a adquirir mais conhecimento em busca de resolver novas estruturas.

Para engajar a curiosidade, o *feedback* deve ser surpreendente e construtivo, o que significa que o *feedback* deve ter um aspecto aleatório.

A teoria do condicionamento operante

Seria impossível falar de motivação sem mencionar a contribuição do trabalho de B. F. Skinner e do Behaviorismo. Para isso, basta pensarmos no exemplo bastante simples que mencionei anteriormente: você observa que se levantar a sua mão todos os dias durante a aula e fizer perguntas, o seu professor irá dar um ponto a mais em sua média pela sua contribuição por meio da participação. Como resultado, você aprende a levantar a mão e fazer perguntas para melhorar a sua nota.

Skinner revisou os estudos que Pavlov realizou e mostrou que podia fazer com que um organismo realizasse algo como manipular um objeto ou operar um mecanismo que, a princípio, não faz parte de sua natureza.

Ele fez experimentos com animais, principalmente ratos e pombos, e desenvolveu uma caixa que ficou conhecida como "Caixa de Skinner". Tipicamente, um rato é colocado na caixa que contém uma alavanca e um fornecedor de alimento. Quando o rato aperta a alavanca sob as condições estabelecidas pelo experimentador, o alimento é fornecido, recompensando assim o rato. Depois que essa resposta foi fornecida pelo rato, coloca-se o comportamento do rato sob o controle de outras condições de estímulo. Skinner descobriu que poderia modelar o comportamento do animal.

Estudos subsequentes de Skinner introduziram um conceito utilizado em muitos *games* para manter o engajamento, o intervalo variável de reforço. Isso significa que o reforço é oferecido em intervalos de tempo não previsíveis. Um animal exposto ao alimento todas as vezes que pressiona a barra pode parar de pressionar a barra se a comida não for mais fornecida. Por outro lado, se o animal for reforçado em intervalos aleatórios, o comportamento não irá se extinguir.

Imagine um caça-níquel, a pessoa jogando permanece acionando a alavanca, pois não sabe quando a recompensa virá.

Uma variação nos intervalos aleatórios é o intervalo fixo, no qual o animal do experimento de Skinner só recebe alimento, por exemplo, depois de pressionar a barra 10 vezes. Nos jogos, isso acontece quando, por exemplo, o jogador sabe que após coletar um determinado valor de moedas ou recursos conseguirá passar para o próximo nível.

Ainda pensando no experimento de Skinner, outra maneira de recompensar o animal é após a decorrência de um certo intervalo de tempo, ou seja, uma agenda fixa. Em jogos, a resposta que se obtém dos jogadores quando se utiliza este tipo de intervalo é a pausa após uma conquista. Em geral, após a recompensa em jogos com agenda fixa, o jogador pausa e volta depois de um certo tempo e segue cada vez mais rápido para verificar se a recompensa apareceu. Em resumo, a agenda de reforço de um comportamento operante pode variar conforme a tabela da Figura 5.

Agenda de recompensa	Definição
Relação variável	O reforço de um comportamento é fornecido em intervalos imprevisíveis
Relação fixa	O reforço por um comportamento é fornecido após um determinado número de vezes que um comportamento é exibido
Intervalo fixo	O reforço por um comportamento é fornecido depois de um intervalo de tempo fixo
Intervalo variável	O reforço por um comportamento é fornecido depois de um intervalo variável de tempo

Figura 5: Tabela de definição de Agenda de Recompensa

Os estudos de Skinner são muito úteis na construção de soluções de aprendizagem *gamificadas* e a forma como criamos a estrutura de recompensa depende do que pretendemos em termos de comportamento por parte do jogador ou aprendiz.

É importante levarmos em consideração, entretanto, que recompensas podem também ser desmotivadoras, maior perigo desse tipo de incentivo. Elas podem esconder a motivação intrínseca que estava lá e o jogador ou aprendiz foca tanto na recompensa que pensa que ela é a razão para executar determinada atividade.

Doar sangue, por exemplo, é em geral uma motivação intrínseca. As pessoas o fazem pelo desejo altruísta de ajudar o outro ou ainda por motivos cívicos. Quando se insere uma recompensa material, financeira para a pessoa que doa sangue, as razões intrínsecas passam a ser sufocadas.

O QUE LEVAR EM SUA BAGAGEM

[1] Defina motivação intrínseca e extrínseca e explique como o conhecimento de sua relação com os modelos de aprendizagem podem nos ajudar para o desenvolvimento de soluções de aprendizagem *gamificadas*.

[2] Quais são os 4 fatores do modelo ARCS de John Keller? Cite um mecanismo possível para promover cada um deles.

[3] Confira o resultado de sua autoavaliação e estabeleça 3 prioridades para o seu desenvolvimento, tendo em vista seu aprimoramento para a construção de soluções de aprendizagem *gamificadas*.

[4] Descreva uma maneira de utilizar o condicionamento operante na construção de soluções de aprendizagem *gamificadas*.

40%

GAMIFICATION

AUTOAVALIAÇÃO PROPOSTA NA REFLEXÃO "*GAMIFICATION* COMO UMA FERRAMENTA DE *DESIGN* INSTRUCIONAL"

AUTOAVALIAÇÃO COM FOCO NA UTILIZAÇÃO DE UM ISD (Sistema de	
FASE	O que deve ser feito
ANALYSIS (LNT)	Definição dos objetivos de performance organizacional e individual.
	Identificação de medidas de performance para as competências a serem desenvolvidas por meio da solução de aprendizagem.
	Identificação dos requisitos de conhecimento e habilidades.
	Determinação do nível de instrução necessário com base em análise de performance.
	Criação da estratégia de avaliação para a solução de aprendizagem.
DESIGN (Criação da Estratégia de Aprendizagem)	Definição de objetivos instrucionais para cada competência ou tarefa a ser desenvolvida.
	Criação de testes ou atividades para demonstração do domínio da competência ou tarefa.
	Verificação dos pré requisitos.
	Sequenciamento e estrutura dos tópicos e lições.
	Seleção de métodos instrucionais e mídia de entrega de cada tópico e lição.
DEVELOPMENT (Desenvolvimento da Solução de Aprendizagem)	Criação de materiais para o aprendiz ou orientado adulto (exercícios, apostila, estudos de caso, *e-learning*, soluções *blended*, etc.).
	Criação do guia do facilitador quando apropriado e necessário.
	Criação de recursos didáticos visuais (PowerPoint, mapas para as paredes, etc.).
	Pilotagem e teste dos materiais.

Design Instrucional) ESTRUTURADA COM BASE NO MODELO ADDIE

Faço?
Sim   Não   Como pretendo melhorar minha habilidade   Quando?

Aspectos teóricos

AUTOAVALIAÇÃO COM FOCO NA UTILIZAÇÃO DE UM ISD (Sistema de	
FASE	O que deve ser feito
IMPLEMENTATION (Avaliar e revisar)	Implementação do planejamento para a condução da Solução de Aprendizagem.
	Piloto.
	Condução da Solução de Aprendizagem.
EVALUATION (Medir e documentar)	Rever e revisar cada etapa para assegurar o cumprimento dos objetivos.
	Avaliar a efetividade instrucional por meio de testes, observação de performance e medida do impacto no negócio.
	Revisão do Sistema de Aprendizagem.

Design Instrucional) ESTRUTURADA COM BASE NO MODELO ADDIE

Faço?
　　　　　Como pretendo melhorar minha habilidade　　Quando?
Sim　Não

Aspectos teóricos

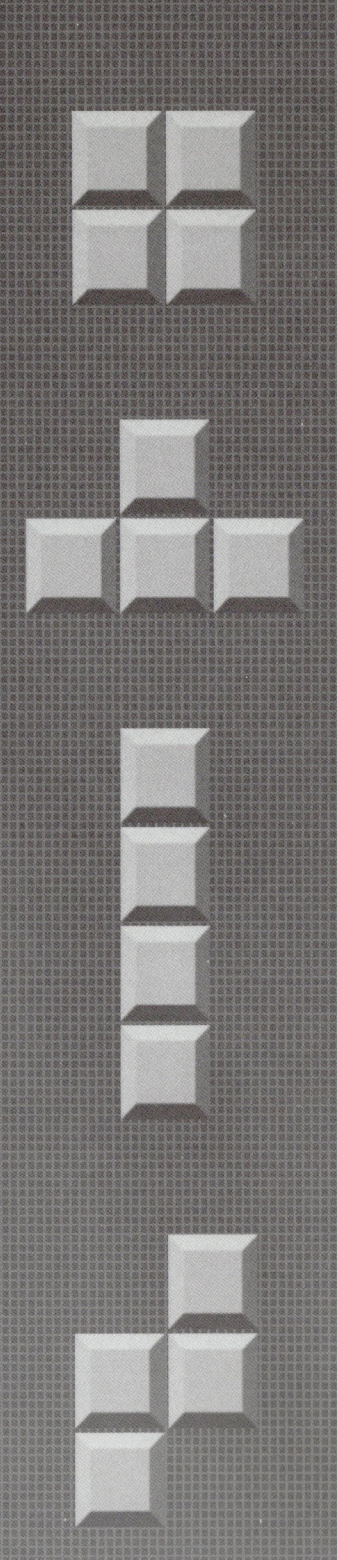

Próxima

Pontos

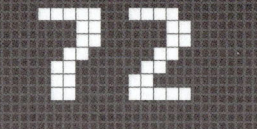

72

Capítulo

5

⟨ ⟩

O jogador:
nosso aprendiz. Seus tipos e a forma como interage

"Aprender é a única coisa de que a mente nunca se cansa, nunca tem medo e nunca se arrepende".

(Leonardo da Vinci)

OBJETIVO DE APRENDIZAGEM

Ao final deste capítulo você saberá:
- Quais são os diferentes tipos de jogadores e como eles se relacionam com os diferentes temperamentos e perfis psicológicos.
- Como os jogadores interagem entre si e com jogos.
- Como identificar o tipo de jogo e utilizar em função da ação que deseja estimular.

INTRODUÇÃO

A diversidade humana constrói uma beleza única e também gera uma complexidade divina em todos os campos do conhecimento. Quando o assunto é *Gamification* aplicado à aprendizagem, com o objetivo de geramos soluções de aprendizagem engajadoras, é exatamente assim que este cenário se apresenta para nós, responsáveis pelo *design* instrucional dessas soluções.

Entre as pessoas que são nossos aprendizes, participantes de nossos programas de treinamento, alunos ou ainda como prefiro pensar, entre os adultos, encontramos toda a diversidade de pessoas possível e é justamente para este aspecto que chamo sua atenção. Todo e qualquer programa de treinamento e aprendizagem deve ser focado nele, o participante.

O público para o qual desenhamos nossas soluções deve estar no centro do *design* e esta é a única maneira de termos sucesso. Nem todas as pessoas percebem o mundo da mesma forma, comunicam-se da mesma maneira, aprendem do mesmo modo ou jogam um determinado jogo de um único jeito.

Assim como existem diferentes temperamentos, diferentes tipos psicológicos e estilos de aprendizagem, há também diferentes tipos de jogadores. Esses tipos interferem diretamente na forma como cada um deles interage com o meio, com outros jogadores e também com o jogo em questão.

Uma solução de aprendizagem *gamificada* será tão mais eficaz quanto sua capacidade de engajar adequadamente o público para o qual foi desenhada, levando em consideração seu tipo e a forma como interage com os outros e com o jogo. Neste capítulo, abordarei aspectos fundamentais que devemos ter em mente sobre as pessoas para quem desenhamos nossas soluções de aprendizagem *gamificadas* e, portanto, sobre os nossos jogadores ou Aprendizes. Por isso, antes de abordar os tipos de jogador, abordarei alguns aspectos da psicologia e aprendizagem.

TEMPERAMENTOS E PERFIS COMPORTAMENTAIS

Para pensarmos em uma solução de aprendizagem interativa e engajadora, temos que levar em consideração quem vai interagir e o que é importante para essa pessoa ou conjunto de pessoas. Investigar o temperamento humano e as razões pelas quais nos comportamos de uma determinada maneira talvez seja um dos questionamentos mais antigos da humanidade.

O nosso temperamento diz muito sobre a forma como agimos e o filósofo grego Hipócrates foi o primeiro a formular uma teoria sobre o temperamento. Ele se baseou na teoria dos quatro elementos de Empédocles. Nesta teoria, o temperamento é uma consequência da dominância de um entre quatro fluídos corporais, os quais estão relacionados com os humores deste indivíduo.

São eles o Sanguíneo (cujo fluído é o sangue), o Fleumático (que deriva da dominância da linfa ou fleuma), o Colérico (tendo como fluído a bílis) e o Melancólico (relacionado à dominância da astrabílis ou bílis negra). Para cada um, é atribuída uma característica.

Rudolph Steiner, filósofo austríaco, jornalista e educador a quem é atribuído o movimento denominado Antroposofia, tem sua concepção sobre os temperamentos e também os aborda como Sanguíneo, Fleumático, Colérico e Melancólico, havendo, entretanto, algumas diferenças dos quatro temperamentos na tradição hipocrático-galênica.

No campo da psicologia, Carl Gustav Jung, psiquiatra e psicoterapeuta suíço, fundador da psicologia analítica, foi criador de vários conceitos entre os quais o conceito dos tipos psicológicos baseados na maneira como a energia psíquica se processa em relação às pessoas, aos objetos e aos animais, bem como a outras circunstâncias e condições do próprio ambiente. O modelo de Jung apresenta duas atitudes de personalidade e quatro funções de orientação.

Ele apresenta as atitudes como sendo a extroversão e a introversão. Já as funções estão divididas em dois grupos sendo o primeiro o das funções racionais (pensamento e sentimento) e o segundo o das funções irracionais (sensação e intuição).

O psicólogo americano Willian Moulton Marston criou na década de 20 uma metodologia de análise comportamental que recebeu o nome de DISC e tem o objetivo de avaliar as respostas emocionais das pessoas a partir de quatro fatores. DISC é, assim, um acrônimo para cada um dos quatro fatores que são Dominância, Influência, Estabilidade e Conformidade.

Assim como eles, outros estudiosos têm se dedicado à compreensão do comportamento humano, agrupando os indivíduos de acordo com características e dominâncias. A tabela da Figura 6 ilustra a correlação entre os temperamentos, tipos psicológicos e estilos de dominância propostos por diferentes autores e, com os quais eu imagino que você já tenha alguma familiaridade.

Note que, nos modelos propostos aqui, os temperamentos e perfis comportamentais totalizam quatro tipos em todos eles. Nesta tabela, faço uma correlação entre os tipos, ou seja, o Sanguíneo de Hipócrates, o intuitivo de Jung, o Rei de Robert Moore & Douglas Gillette e o influenciador de Moulton Marston (DISC), que apresentam características semelhantes, ou seja, são agrupados da mesma maneira.

Hipócrates	Jung	Robert Moore & Douglas Gillette	Disc
Sanguíneo	Intuição	Rei	Influência
Colérico	Sensação	Guerreiro	Dominância
Melancólico	Pensamento	Mago	Cautela
Fleumático	Sentimento	Amante	Estabilidade

Figura 6: Tabela de correlação de temperamentos

ESTILOS DE APRENDIZAGEM

Assim como o conhecimento dos temperamentos, tipos psicológicos e perfis comportamentais são importantes para o desenvolvimento de soluções engajadoras. É preciso levar em consideração também o estilo de aprendizagem de cada indivíduo e, neste campo, há diversos estudos que também apontam para estilos próprios com características específicas.

As pesquisas em educação têm demonstrado, ao longo do tempo, que pessoas diferentes possuem formas e ritmos diferentes de aprendizado. Essas formas particulares de perceber e processar novas informações são conhecidas como estilos de aprendizagem. O estilo de aprendizagem define a forma como um aprendiz responde a determinada proposta de aprendizagem e, portanto, afeta a forma como fazemos o nosso *design* instrucional.

O ambiente de aprendizagem, no qual o *Gamification* está inserido, é formado pelos assuntos, disciplinas ou conhecimentos, pelos materiais que darão suporte ao ensino e o contexto no qual esta atividade ocorre.

Os estilos de aprendizagem têm sido foco de diversos estudos e pesquisas e, portanto, encontramos diferentes modelos de estudo para este assunto. Entre esses modelos encontra-se o proposto por David Kolb.

David Kolb, teórico americano da área educacional, apresenta um modelo com quatro estilos que ele chama respectivamente de divergente, assimilador, convergente e adaptativo. Ele desenvolveu um inventário que é parte de seu trabalho de pesquisa sobre aprendizagem experimental. O modelo de Kolb está descrito na Figura 7, na qual você percebe que é possível fazermos alguma correlação com os temperamentos ou tipos psicológicos.

Muitos estudos foram também produzidos no campo da Programação Neurolinguística (PNL). Nessa área, estilos de aprendizagem variam entre experiências externas (informações recebidas do ambiente por meio dos sentidos) e experiências internas (o que acontece dentro de um indivíduo).

Tais estudos definiram três tipos de preferências, divididas nas categorias: Visual, Auditivo e Cinestésico.

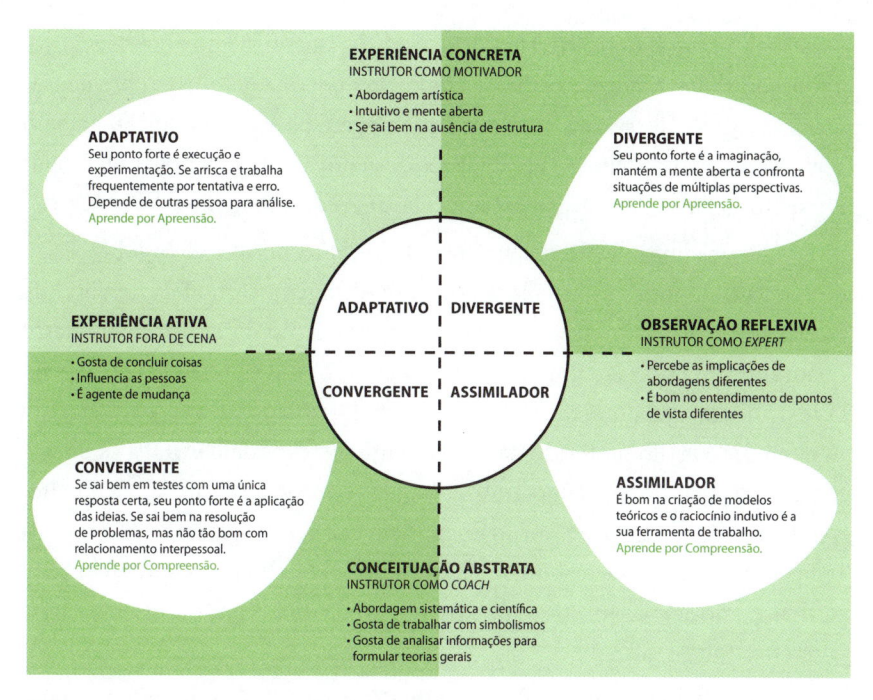

Figura 7: Estilos de Aprendizagem de David Kolb

Visual: Aprendizes visuais preferem figuras, diagramas e outros recursos visuais. Eles provavelmente precisam ver algo para saber, para conhecer. Podem ter habilidades artísticas e um forte senso de estética e cor. Podem ter dificuldade com instruções longas ou aulas expositivas e podem ser sensíveis demais a ruídos.

Auditivos: Aprendizes auditivos preferem ouvir. Gostam de receber instruções verbais precisam ouvir para aprender. Podem ter dificuldades de seguir orientações escritas ou para completar atividades que incluam leitura.

Cinestésicos: Aprendizes cinestésicos aprendem melhor fazendo ou tocando. São pessoas que têm preferência por aprenderem pela experiência e precisam fazer algo para saber. Eles montam coisas sem instruções e normalmente têm uma ótima percepção espacial. Aprendem melhor quando são envolvidos ativamente.

William Edward Herrmann ou Ned Herrmann, como é conhecido, foi um pesquisador e autor americano conhecido por sua pesquisa sobre pensamento criativo. Herrmann criou uma abordagem baseada no funcionamento cerebral no qual classifica os aprendizes de acordo com suas preferências por diferentes formas de pensar, baseados nas diferentes funções cerebrais.

A pesquisa de Herrmann foca no cérebro porque ele é o processador central de todas as atividades de aprendizagem. O modelo cerebral de Herrmann é utilizado para explicar a especialização do cérebro em quatro quadrantes, sendo cada um deles responsável por um tipo de aprendizagem. O instrumento de dominância cerebral de Herrmann (HBDI) é desenhado para medir o estilo preferido de pensamento. Este modelo explica as quatro preferências em estilo de aprendizagem, mas reconhece que há frequentemente um zigue-zague em torno do modelo enquanto aprendemos. O resultado é a crença de que a abordagem de maior sucesso para a aprendizagem, *design* e entrega de um treinamento é a criação de uma experiência para o cérebro todo.

Vale lembrar que estilo de aprendizagem não é o mesmo que inteligência. A forma como alguém prefere aprender não diz respeito ao quão inteligente esta pessoa é. Há apenas um estilo preferencial para receber informação. O estilo preferencial de aprendizagem determina como a pessoa assimila, entende, retém, recupera e reproduz uma informação, por isso é tão importante para o *design* de soluções de aprendizagem *gamificadas*.

TIPOS DE JOGADOR

Assim como as pessoas não aprendem da mesma maneira, também não jogam da mesma maneira. Enquanto alguns são extremamente competitivos, jogam para ganhar e não gostam de perder sob a pena de ficarem até mesmo deprimidos, outros jogam por razões como, por exemplo, pelo prazer do desafio, pelo desejo de superarem um obstáculo ou atingirem uma meta.

Há ainda pessoas que jogam muito mais pelo aspecto social, pelo altruísmo de ajudar alguém ou até mesmo salvar o mundo, ainda que virtualmente. Também nos deparamos com pessoas que jogam para explorar os elementos do jogo e descobrir o significado de cada um deles pelo prazer da descoberta. Fato é que os jogadores são os protagonistas para os quais nossas soluções de aprendizagem *gamificadas* serão desenvolvidas e elas precisam ser tão diversas quanto são os perfis de pessoas existentes.

Os estilos de jogador estão diretamente ligados ao que eles gostam de fazer. Os tipos de interação promovida pelos jogos são diferentes assim como a meta ou objetivo dos jogos também pode ser diferente. Assim, é natural que cada tipo de jogador prefira um ou outro tipo de jogo.

Há jogos em que as pessoas trabalham juntas para a conquista de um objetivo enquanto em outros elas disputam entre si. Em muitos jogos, tanto cooperação quanto o resultado individual são necessários para que se alcance o resultado com sucesso, por isso um jogo não precisa ser necessariamente só competitivo ou só cooperativo.

O mais conhecido dos tipos de jogos talvez seja o competitivo. Nesse tipo de jogo, uma pessoa ou um grupo compete contra o outro com o objetivo de vencer. Outro tipo é o jogo cooperativo, muito utilizado em jogos corporativos. Nesse modelo, as pessoas cooperam em torno de um objetivo comum, trabalham juntas para a conquista de recursos e alcance de objetivos, em geral, considerados para o bem comum.

Um excelente exemplo de jogo cooperativo com objetivo para o bem comum é a iniciativa, que mencionei anteriormente, criada pela Innovation *Games*[1], na qual os cidadãos da cidade de San José, na Califórnia, reúnem-se para decidirem por meio de um jogo cooperativo como os recursos arrecadados pela cidade por meio dos impostos serão investidos.

Assim como as pessoas foram agrupadas em temperamentos e perfis psicológicos de acordo com a forma como se comportam, em 1996, Richard Allan Bartle, escritor, professor e pesquisador britânico, definiu quatro tipos de jogadores de acordo com suas características, preferências de interação e comportamento. A Figura 8 a seguir ilustra esses tipos de jogadores.

---

1 – Para saber mais acesse: http://www.innovationgames.com/

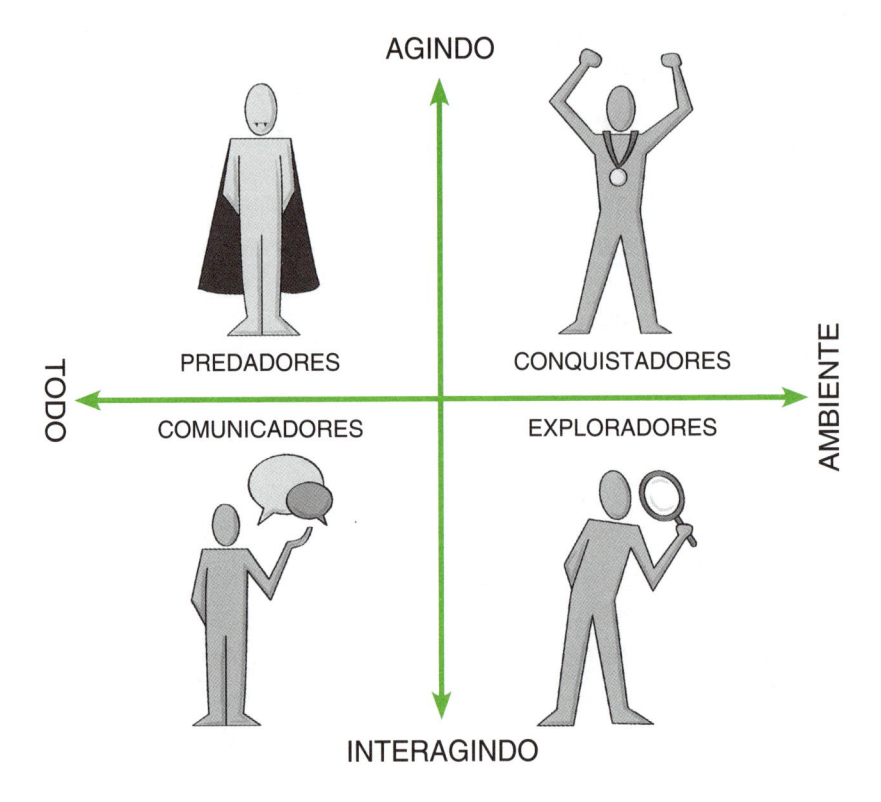

Figura 8: Tipos de jogadores segundo Richard Allan Bartle

Bartle chamou esses estilos ou tipos de jogadores de Predadores ou *Killers*, Conquistadores ou Realizadores, Comunicadores ou Socializadores e Exploradores e cada um deles tem características e preferências próprias que devem ser levadas em consideração no *design* de *games* e soluções *gamificadas*.

Predadores (*killers*)

Estes são os jogadores que entram em um jogo para ganhar e derrotar o adversário. Eles estão dispostos a fazer o que for necessário para eliminar o seu oponente. A meta não é apenas vencer, mas matar tantos jogadores quanto possível.

Estes jogadores impõem suas ideias e vontades aos outros jogadores, podendo adotar comportamento agressivo para garantir a sua liderança. Intensidade é uma boa palavra para descrever este perfil de jogador, ele interage com outros, mas de forma intensa e competitiva. Seu desejo de competir supera o desejo de cooperar.

Eles querem conquistar e destruir e se preciso vão acenar com suas conquistas para os demais para provocá-los. No gráfico criado por Bartle para posicionar os tipos de jogadores (figura 8), os Predadores ocupam a posição que demonstra seu interesse em agir sobre outros jogadores.

De acordo com Karl M. Kapp, os pensamentos deste tipo de jogador seriam:

- "Vou matar você".
- "Vou destruir aquela pessoa".
- "Saia do meu caminho".
- "Morra".

Conquistadores ou Realizadores (*Achievers*)

Estes são os tipos de jogadores cuja posição no gráfico de Bartle demonstra que querem agir em relação ao mundo. Eles estão em busca de realizações no contexto do *game* e querem estar no topo da liderança. Eles valorizam o *status* e apreciam a vitória independente do objetivo a ser alcançado. Embora muito competitivos e sem grande valorização das relações sociais, eles se relacionam de forma cordial.

Conquistadores ou Realizadores estão em busca de recompensa, pontos e passagem de um nível a outro superior. O engajamento em outras atividades, para eles, deve estar diretamente relacionado ao atingimento do objetivo principal. Exploração para eles é uma mera forma de conquistar ainda mais recursos ou acumular pontos e recompensas.

Para Karl M. Kapp, os pensamentos deste tipo de jogador são:

- "Desculpe, não posso ajudar você, estou muito ocupado".
- "Sim, posso ajudar, mas vamos negociar. O que eu ganho com isso"?
- "O que eu preciso fazer para ir para o próximo nível"?
- "Você pode me dizer qual é o jeito mais rápido de ultrapassar este nível"?

Exploradores (*Explorers*)

Este é o jogador em busca das razões e motivos. Ele está sempre em busca das premissas que mobilizam o jogo. Ele está sempre tentando descobrir o máximo possível sobre o ambiente do jogo e seus desafios. São investigadores estudiosos e desenvolvem habilidades que possam levá-los adiante solucionando problemas e desafios específicos.

Diferente dos realizadores que estão em busca da vitória e do *status* de sua conquista, os exploradores estão mais focados no percurso para se chegar até a vitória e em seu aprendizado.

No gráfico de Bartle, estão posicionados de acordo com seu interesse de interagir com o mundo do *game*. Eles Irão experimentar diversos aspectos do jogo e suas variáveis para descobrir o que acontece. Sua atitude varia entre mais agressivo e mais social em diferentes circunstâncias. Ao se socializarem, eles têm oportunidade de demonstrar seu conhecimento e adquirir mais informações. Eles apreciam o fato de se tornarem especialistas e gostam de compartilhar seu conhecimento com outros. Segundo Karl M. Kapp ele pensa:

- "Imagino o que deva existir ali".
- "O que acontece se eu clicar no telhado"?
- "Você sabia que se você caminhar três passos para o norte e um passo para o leste será teletransportado para outro quarto"?
- "Deixe-me mostrar a você como chegar lá".

Comunicadores ou Socializadores (*Socializers*)

Os socializadores são indicados no gráfico de Bartle como pessoas interessadas em interagir com outros jogadores. São pessoas cujo interesse está inclinado aos relacionamentos com outros jogadores e gostam também de organizar os demais. O jogo é um meio pelo qual ele pode interagir com outros.

Pesquisas demonstram que este é o tipo de jogador que aparece em maior número, ele gosta da ocasião e do ambiente que o jogo proporciona e se engaja com facilidade em jogos que promovem este tipo de interação, a exemplo do *FarmVille* que se joga no ambiente do Facebook.

Este tipo de jogador observa o que outros estão falando e aprende com os outros sobre novos lugares e formas de socializar. Matar é algo que dificilmente considera e se num ambiente de *game* isso acontece a outro jogador, irá procurar por justiça e revanche. Seu capital está diretamente ligado ao número de pessoas que conhece e Karl Kapp aponta que seus pensamentos em geral são:

- "Seja bem-vindo".
- "Você gostaria de conhecer meus amigos"?
- "O que você está procurando"?
- "Onde você conseguiu este chapéu maravilhoso"?

ENGAJAMENTO E VERBOS DE AÇÃO NO COMPORTAMENTO DO JOGADOR

Sistemas e modelos são excelentes, mas muitas vezes não bastam na opinião da *game designer* Amy Jo Kim. Ela diz que quando se trabalha em um jogo social, estes tipos de jogadores por si não são suficientes para definir todos os tipos de comportamento e ação e, por isso, ela parte do modelo de Bartle e sugere um modelo próprio no qual utiliza verbos de engajamento.

Segundo Kim, você deve pensar no público que deseja engajar e pensar no comportamento deste público numa dada situação. Se você é um comerciante e quer engajar um certo tipo de público pode ser que a competição seja ideal para um determinado *target* masculino.

Mas se você é ainda um comerciante e quer engajar, por exemplo, jovens mães é possível que distintivos e placares de liderança não funcionem e você tenha mais chance de engajamento por meio de uma atividade colaborativa.

Sob essa perspectiva, o ideal seria utilizarmos o modelo de Bartle como ponto de partida para o desenvolvimento de uma solução de aprendizagem *gamificada* e pensarmos: "No mundo do meu produto, o que melhor descreve o tipo de ação que quero provocar"? E então partir daí para decidir que estilo de jogo ou solução melhor engajará as pessoas que você quer alcançar.

Para identificar o tipo de ação que você deseja provocar consulte a Figura 9:

VERBOS DE ENGAJAMENTO SOCIAL E AÇÃO

```
              construir    criar     AGINDO          desafiar
                 desenhar                    vencer
                            comprar                      exibir
            escolher
                   EXPRESSAR              COMPETIR
                                                          ironizar
                  decorar                   comparar
                           customizar
    CONTEÚDO ─────────────────────────────── JOGADORES
                            coletar      comentar
                                                   gostar
                                                              doar
                    EXPLORAR             COLABORAR
              voltar                                     ajudar
                            ranquear    cumprimentar
                  revisar                       compartilhar
                                INTERAGINDO
```

Figura 9: Adaptado de Prof. Kevin Werbach – Coursera Certification

O QUE LEVAR EM SUA BAGAGEM

[1] Descreva com suas palavras como os diferentes temperamentos e estilos de aprendizagem interferem nas escolhas que você faz quando desenha uma solução de aprendizagem *gamificada*.

[2] Quais são os principais tipos de jogador segundo Bartle, como cada um deles age ou interage com outros jogadores e com o mundo do jogo?

[3] Que pergunta você deve fazer a você mesmo para melhor escolher o tipo de jogo para engajar um público específico?

Próxima

Pontos

88

Capítulo

6

Diversão:
tem que ser divertido

"Em todo trabalho a ser feito existe alguma diversão. Encontre a diversão e logo o trabalho vira um jogo".

(Mary Poppins — A Spoonful of Sugar)

OBJETIVO DE APRENDIZAGEM

Ao final deste capítulo você saberá:

- Descrever as propriedades do jogo ou brincadeira.
- Como a brincadeira e o jogo contribuem para a percepção e aprendizagem.
- Apresentar evidências de que atividades *gamificadas* são eficazes para o engajamento de diferentes gerações.

INTRODUÇÃO

Mikhail Nikolaevich Baryshinikov, bailarino russo, uma vez disse: "É necessário primeiro o conhecimento, a técnica. Depois é que vem a diversão". Será?

Durante muito tempo foi como se a diversão em seu mais puro significado não devesse fazer parte de nossa vida adulta, principalmente nas organizações onde nossa vida profissional envolve coisas sérias como o estabelecimento de objetivos estratégicos, alinhamento entre áreas para a conquista de resultados, gestão de pessoas e tantas outras coisas.

O mundo mudou. Hoje olhamos para o ser humano de forma íntegra, compreendendo que, muitas vezes, as fronteiras entre um e outro papel desempenhado por nós se confundem ou até mesmo inexistem. Muitos são os desafios ligados ao mundo organizacional nos dias de hoje.

Entre os principais desafios podemos destacar a necessidade de atração e engajamento de talentos, o desafio de fazer uma gestão adequada do conhecimento internalizando o conhecimento tácito das gerações que estão amadurecendo e disponibilizando-o este para as novas gerações, promover a colaboração entre diferentes áreas em busca da solução de problemas da organização e melhorar os índices de eficácia, entre inúmeros outros.

Acredite. Tudo isso e muito mais é possível quando se tem diversão.

AFINAL, O QUE É BRINCAR OU JOGAR?

Existem algumas coisas que são extremamente difíceis de definir. Ou por falta de vocabulário disponível ou ainda pela natureza da ação. Brincar ou jogar, em minha opinião, parece ser algo primário, que todos sabem o que é e cujo encantamento está muito mais na experiência do que na definição.

Brincar ou jogar existe mesmo sem a linguagem verbal como abordamos no capítulo 2 ao falar de aspectos filosóficos ligados a essa atividade. Stuart Brown e Christopher Vaughan[1] lidam com a dificuldade de definir o que é brincar, apresentando um grupo de propriedades da brincadeira ou do jogo.

Entre essas propriedades estão o fato de que a brincadeira ou o jogo são aparentemente algo sem propósito, acontecem por si só, ou seja, não parecem ser algo essencial para a vida, não é algo que se faz pra ganhar dinheiro e sobreviver. Você não brinca ou joga pelo seu valor prático e, por isso, algumas pessoas acham que brincar é perda de tempo.

Brincar também é algo que você faz voluntariamente, ou seja, não é obrigatório. Soma-se a isso o fato de que jogar tem uma atração inerente à atividade, é divertido, faz com que você se sinta bem, promove prazer, ou ainda, é a cura para o tédio.

Além disso, existe a libertação do tempo, ou seja, quando você está totalmente engajado em um jogo ou brincadeira, você perde a noção do tempo e também faz com que possamos experimentar a diminuição da consciência do "eu". Isso acontece porque paramos de nos preocupar com o fato de não parecermos bem ou parecermos tolos. Na verdade, quando jogamos podemos experimentar um outro "eu" por meio da representação de um personagem.

Em um jogo ou brincadeira estamos totalmente engajados no momento, no espaço e tempo do jogo, estamos experimentando o que o psicólogo Mihaly Csikszentmihalyi chama de "*flow*".

Um jogo ou brincadeira tem um alto potencial de improviso, pois somos restritos às regras que limitam o alcance óbvio dos objetivos. Não somos obrigados a fazer algo exatamente de uma maneira, estamos autorizados a tentar. O resultado disso é uma verdadeira avalanche de novos comportamentos, estratégias, pensamentos e ideias diferentes para fazer a mesma coisa que não

---

1 – *Play – How it Shapes the Brain, Opens the Imagination, and Invigorates the Soul*
Stuart Brown, M.D., With Christopher Vaughan – Avery - NY

apareceria se não estivéssemos neste mundo encantado onde tentar é possível. Vemos coisas de uma perspectiva diferente e, por isso, temos novas ideias.

Finalmente, jogar ou brincar tem um "gostinho de quero mais", ou seja, traz em si o desejo de continuação. Se algo ameaçar estragar a diversão, inventamos uma maneira de continuar. Assim as propriedades do jogo, ou diversão, segundo Stuart Brown e Christopher Vaughan são:

- Ausência de propósito aparente.
- Possibilidade da escolha, ser uma atividade voluntária.
- Atração inerente.
- Promover a liberdade do tempo.
- Diminuir a consciência do "eu".
- Apresentar potencial para o improviso.
- Promover desejo de continuidade.

Essas são propriedades que precisamos ter em mente quando trazemos o *Gamification* para o *design* instrucional de nossas Soluções de Aprendizagem *gamificadas*, pois elas precisam promover o prazer que os jogos e brincadeiras promovem e, assim, tornar o ato de aprender algo divertido e desejado, com "gostinho de quero mais".

A CIÊNCIA DA DIVERSÃO

Eu me lembro de uma viagem que fiz aos 25 anos de idade quando escalei pela primeira vez. Na época, eu tinha dores nos ombros e no pescoço por permanecer encolhida a maior parte do tempo durante o inverno, independente da presença de aquecedores ou agasalhos.

Um grupo de amigos e eu fomos para Campos do Jordão e lá ficaríamos hospedados em um lugar chamado "Casa de Pedra", que funcionava como um albergue para aqueles que se aventuravam a escalar a Pedra do Baú.

O lugar não tinha energia elétrica ou outro tipo de aquecimento, o que intensificava ainda mais o frio. Durante o percurso entre São Paulo e Campos do Jordão, eu que nunca tinha feito esse tipo de atividade só conseguia pensar nas minhas unhas e no meu banho, que teria que ser frio. A primeira noite naquele lugar me fez pronunciar as palavras mais feias que eu conhecia e a lua parecia não ter a menor graça, apesar de ser a lua mais linda que eu já vira até então. Dormi pouco e pela manhã foi difícil manter o humor e ficar ereta nos primeiros momentos por causa da dor que parecia atravessar meus ossos como consequência do frio.

Saí da casa e o dia estava encantador. O céu azul e o brilho do sol aqueceram mais que meu corpo enquanto eu assistia ao Zé Egas, nosso amigo mais experiente, preparando os equipamentos para a nossa jornada e fazendo suas considerações com relação aos cuidados com a segurança. A partir desse momento minha atenção foi literalmente capturada, como se eu tivesse mergulhado em outro universo, onde nada mais importava.

Todos no grupo pareciam felizes, atentos. Sorriam e brincavam enquanto experimentavam suas cadeirinhas e checavam seus mosquetões como se todos nós fossemos parte de uma expedição muito importante com a missão de conquistar uma das montanhas mais altas do mundo.

Ainda hoje, lembro-me da atmosfera alegre e do prazer que tomou conta de todos nós. Senti-me como uma criança ao descer meu primeiro rapel, eu gritava de felicidade, sentia-me exuberante. Nada mais importava naquele momento, só a diversão.

A noite mal dormida, o frio e a ausência de água aquecida para o banho não eram mais um problema, tudo fazia parte de uma grande expedição de pessoas ousadas em busca de uma grande conquista.

E foi assim que aprendi, não só a escalar, mas também a cuidar do meu equipamento, da minha segurança, a respeitar a natureza e os horários de ir e vir, além do clima e da regra mais importante: somos um grupo, nada é para você e sim para todos nós.

A partir daquele dia, apaixonei-me tanto por essa atividade que durante anos andei com meu equipamento no porta-malas do meu carro. Em São Paulo, na ponte do Sumaré, um grupo de pessoas amantes do esporte se reunia para descer de rapel. Sempre que eu queria relaxar no final do dia, lá ia eu descer um rapel invertido. Eu simplesmente ligava para o meu marido e dizia: "Amor vou chegar um pouquinho mais tarde hoje. Vou fazer uma paradinha para um rapel".

Naquele e em outros dias, vivendo momentos de brincadeira e alegria junto com meus amigos, tive demonstrações práticas do que anos de estudos científicos e pesquisas acadêmicas têm comprovado acerca do poder da diversão.

Obviamente a diversão nos ilumina, também nos energiza, libera nossas tensões, amplia a nossa percepção, renova nosso otimismo e abre espaço para novas possibilidades. Claro que isso é muito bom, mas não é tudo. Neurocientistas, psicólogos, filósofos, biólogos e pesquisadores do mundo todo sabem que brincar é um processo biológico profundo, que tem evoluído ao longo do tempo com as espécies para que possam sobreviver.

Brincar contribui para a formação do cérebro e faz com que os animais sejam mais hábeis e adaptáveis. Em alguns animais, promove empatia e possibilita a formação de grupos mais complexos. Para nós humanos, torna-nos mais criativos e inovadores.

Entre todas as espécies, somos os maiores "jogadores" de todos, uma vez que crescemos brincando e aprendemos muito com isso. Brincar faz parte de nosso aprendizado e de nosso processo de educação. Quando brincamos, engajamo-nos à mais pura expressão de nossa humanidade e a mais verdadeira expressão de quem somos nós. Tenho certeza de que você também se lembra de muitos momentos em sua vida de muita alegria e prazer exuberante, desfrutado pelo simples prazer de jogar, de praticar um esporte que você gosta muito ou até mesmo enquanto joga *vídeo game*.

Quando pensamos em crianças, parece-nos mais fácil pensar no ato de brincar, é como se acreditássemos, de alguma maneira, que ao crescer perdemos o direito de brincar, mas isso seria o mesmo que perder o direito ao prazer da diversão. A diversão está muito mais ligada, entretanto, às sensações que experimentamos do que a uma atividade em si.

Brincar na vida adulta pode ser algo não tão simples e óbvio de identificar quanto parece ser quando pensamos em uma criança. Ao procurarmos identificar o que é a brincadeira na vida adulta, deparamo-nos com coisas que na verdade se parecem mais com trabalho. Jogar tênis ou correr são exemplos dessas atividades. Ao correr, cada indivíduo experimenta uma sensação interna particular e diferenciada. A revista *Runner's World,* em junho de 2007, publicou um artigo no qual diz que cada um de nós tem suas próprias razões para correr, mas após ter analisado evidências, eles dizem que chegaram a quatro categorias de corredores caracterizadas pelo jeito como correm, o que pensam sobre correr e o que fazem em suas vidas além de correr. Os tipos sugeridos por eles são o exercitador, o competidor, o entusiasta e o socializador[2].

---

2 – Para fazer o teste e descobrir o seu estilo:

http://www.runnersworld.co.uk/general/what-type-of-runner-are-you/2955.html

Segundo este artigo, todos estão correndo, mas cada um o faz por uma razão. Enquanto o exercitador corre para adquirir uma melhor forma física ou saúde, o competidor o faz para melhorar seu tempo e superar outros, os entusiastas para sentir prazer, o trabalho de seus músculos e o vento em seus rostos e, por fim, o socializador corre para se reunir com um grupo de pessoas, conversar e trocar ideias. Todos estão, é claro, correndo, mas a experiência interna e que está relacionada com a motivação intrínseca de cada um é diferente.

Jaak Panksepp, psicólogo americano e neurocientista, estudou o brincar. Ele acredita que o brincar ative inicialmente o tronco cerebral onde mecanismos de sobrevivência como a respiração, a consciência, o sono e os sonhos são originados. Essa ativação inicial, então, conecta-se e ativa emoções prazerosas que acompanham o ato de brincar. Segundo ele, sem essa conexão o que acontece é outra coisa qualquer diferente de brincar, ou para nós, jogar.

Essa conexão na vida adulta é realizada em uma série de circunstâncias e, por isso, o ato de brincar ou jogar pode estar relacionado a diversas ações, inclusive com o trabalho. Assistir a um esporte, ler um romance ou assistir a um bom filme pode ter o mesmo efeito. Se você já assistiu, por exemplo, a um filme e no final teve a sensação de voltar para o mundo real, sentindo que algo parecia diferente, então esse filme para você foi como brincar, ou para nós, foi jogar. Você estava no que o filósofo Johann Huizinga chamou de Círculo Mágico e que abordei no capítulo 2 no qual definimos *Gamification*.

A DIVERSÃO E O ENGAJAMENTO DE DIFERENTES GERAÇÕES

A tarefa de treinar pessoas e contribuir para a melhoria de sua performance constitui um grande desafio. Especialmente quando temos que convencer pessoas da importância daquilo que parece óbvio como a condução de um bom diagnóstico, definição clara de objetivos a serem alcançados e evidências mensuráveis da melhoria da performance desejada.

O que é desafiador pode parecer impossível quando, além de tudo isso, você ainda quer fazer com que o aprendizado seja divertido. Neste momento eu sugiro que você cultive o hábito de estruturar argumentos convincentes para que consiga obter o patrocínio de seus *stakeholders* para suas iniciativas.

Aprender por si só já não é uma tarefa fácil, especialmente quando os facilitadores e *designers* instrucionais parecem complicar isso ainda mais por meio de longos treinamentos expositivos ou textos complexos, com linguagem inacessível até mesmo para os maiores especialistas.

Tendo isso em mente, procure sempre formas mais simples e eficazes para contribuir para o processo de aprendizagem e lembre-se: estamos falando da aprendizagem do outro e não da sua, portanto, você deve centrar o desenvolvimento de seu trabalho em sua audiência. Pense no público que será treinado.

Pode ser que neste momento você sinta um pouco de desconforto pensando na diversidade de estilos de aprendizagem e, sobretudo, na diversidade de gerações que forma este grupo. Se você se sentiu assim é possível que tenha a crença ou a sensação de que atividades que incluem elementos de jogos são atraentes e engajadoras apenas para as gerações mais jovens, afinal, não são eles que vivem colados nos *vídeo games* e não saem da internet.

Ao menos era isso que eu pensava até conhecer Jane McGonigal, sobre quem já falei nos capítulos anteriores, responsável por me apresentar as estatísticas sobre o público que joga pelo menos um tipo de jogo *on-line*. Vamos recapitular as estatísticas que foram apresentadas na introdução deste livro:

- 69% dos chefes de família jogam *vídeo games*.
- 97% dos jovens jogam no computador e também *vídeo games*.
- 40% de todos os jogadores são mulheres.
- 1 em cada 4 jogadores tem mais de 50 anos.
- A idade média dos jogadores é de 35 anos e eles têm jogado em média há 12 anos.
- A maioria dos jogadores não tem intenção de parar de jogar.

Surpreendentemente, atividades divertidas e *gamificadas* podem ser capazes de engajar diferentes públicos e gerações. Este engajamento está diretamente ligado à relevância que o conteúdo tem para as pessoas para quem você constrói sua solução e a forma que você utiliza para promover a aprendizagem.

É comum ainda nos depararmos com pessoas que não acreditam nos benefícios de uma solução de aprendizagem divertida e, se isso acontecer com você, será necessário que esteja preparado para argumentar de maneira concreta.

Inclua em sua argumentação, números, dados de pesquisa e, claro, alinhamento com os objetivos estratégicos e lembre-se:

- **O oposto de diversão não é trabalho:** conheço muitas pessoas que trabalham muito, não jogam para se divertir e relaxar, fazem trabalho voluntário e passam seus finais de semana cuidando da casa e são muito felizes. Para essas pessoas, todas essas atividades são diversão. Tenho inclusive uma amiga com este perfil que, quando teve que fazer uma cirurgia no braço e ficou impedida de realizar todas essas tarefas, entrou em depressão. Portanto, o oposto de diversão é depressão, e não trabalho.

- **Gamification** não é jogo: Gamification é *"a utilização de mecânica, estética e pensamento baseados em games para engajar pessoas, motivar a ação, promover a aprendizagem e resolver problemas"*.

Mantenha isso muito claro e abra sua mente para as possibilidades que este conceito, na prática, proporciona a você por meio da introdução de atividades *gamificadas* simples e divertidas, que o ajudem a promover o aprendizado das pessoas para quem você desenvolve soluções.

O QUE LEVAR EM SUA BAGAGEM

[1] Como a diversão pode ser inserida, na prática, nos programas de treinamento que você desenvolve hoje?

[2] Que propriedades da diversão são, em sua opinião, essenciais para o sucesso do desenvolvimento de uma solução de aprendizagem *gamificada*?

[3] Aponte três argumentos que justifiquem a importância da inclusão da diversão no ambiente de aprendizagem.

Diversão: tem que ser divertido

GAMIFICATION

Próxima

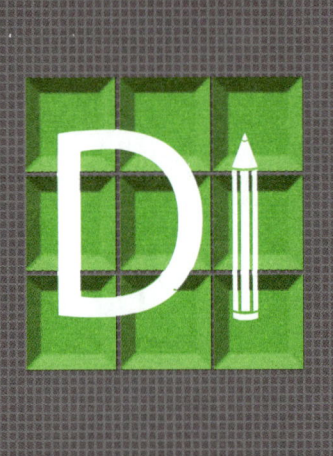

D

Pontos

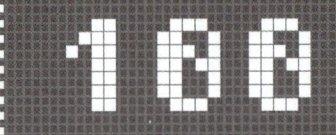

100

Capítulo

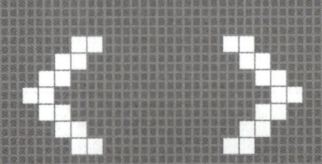

7

< >

Aplicabilidade

"Saber e não fazer é ainda não saber".

(Lao-Tsé)

OBJETIVO DE APRENDIZAGEM

Ao final deste capítulo você saberá:
- Discorrer sobre as áreas de aplicabilidade e resultados mensuráveis do *Gamification*
- Explicar sobre a efetividade do uso de *games* no campo da aprendizagem por meio do resultado de estudos neste campo.
- Relacionar conhecimentos para os quais o *Gamification* é uma estratégia instrucional eficaz.

INTRODUÇÃO

Reinventar parece ser o verbo do momento em todos os segmentos. Não basta fazer muito bem aquilo que você já faz, é preciso se destacar, é preciso descobrir e criar diferenciais a cada dia para tornar o seu negócio único, atrativo e perene.

Na busca pela reinvenção de seus negócios e estratégias para aproximar cada vez mais as empresas de seus clientes e também colaboradores, o *Gamification* tem sido amplamente utilizado para alcançar uma diversidade bastante grande de objetivos. Entretanto, o conhecimento profundo do objetivo a ser alcançado é um pré-requisito para a criação de uma solução *gamificada* eficaz.

ÁREAS DE APLICABILIDADE

Poderíamos investir horas na criação de uma lista de aplicabilidade e talvez não a esgotássemos, já que um único critério não seria suficiente para a tomada de decisão. Para decidir ou não pelo *Gamification* é preciso se analisar muito mais que um único aspecto, será necessário pensar em um conjunto de variáveis que poderão servir de base para que você tome a decisão mais acertada.

Algumas áreas, entretanto, têm se destacado no uso do *Gamification*, obtendo sucesso e alcançando benefícios mensuráveis, como nos exemplos a seguir:

Acelerar a velocidade para alcançar o mercado: a Threadless, empresa de camisetas baseada em Chicago, criou um movimento via *crowdsource* para desenvolver diferentes *design*s. Para definir quais virariam estampas de camisetas, os clientes votaram nos *designs* e os vencedores foram produzidos semanalmente. Com essa iniciativa, a Threadless alcançou 100.000 *designers* gráficos e um número aproximado de 4 milhões de visitantes por mês em seu site.

Promoção de um produto: o Bradesco fez a divulgação de um importante benefício de seus cartões (50% de desconto na compra de ingressos, pipoca e refrigerante numa importante rede de cinemas) utilizando um jogo interativo pelo YouTube[1], aliás, o primeiro do Brasil. Durante dois meses, Marcelo Adnet desafiou as pessoas a decifrar nomes de filmes usando mímica. Foram mais de 1 milhão de internautas jogando, o que resultou em 133.435.960 segundos de jogos finalizados, ou 4,3 anos. Depois de jogar, os internautas podiam divulgar suas pontuações e também desafiar amigos. Em um dia, aconteceram cerca de 30 mil compartilhamentos, impactando ao todo 7,5 milhões de pessoas. Dez vezes acima da média brasileira.

Aumentar engajamento dos clientes: O restaurante e *sports bar* *Buffalo Wild Wings* lançou uma campanha de 12 semanas, semelhante a uma gincana, realizada dentro do SCVNGR[2], aplicativo de geolocalização para *smartphones*. O engajamento profundo de clientes foi obtido alcançando a marca de 184.000 jogadores em 730 locais. No primeiro mês, 334.000 desafios foram completados, gerando 100 milhões de comentários em redes sociais como Facebook e Twitter.

A Cognizant lançou um estudo sobre a utilização de *Gamification*[3] para aumentar o engajamento de clientes e colaboradores em diversos segmentos. Nesse estudo eles mencionam além destas as seguintes áreas:

- Aumentar a fidelização a uma marca.
- Incrementar a conversão de vendas.
- Alavancar inovação.

---

1 – Para ver o vídeo com os dados do case acesse: https://www.youtube.com/watch?v=jnxZh2Ff4hQ

2 – Para conhecer o aplicativo acesse: http://venturebeat.com/2011/02/22/scvngr-1-million-users/

3 – Para conhecer o estudo acesse: http://www.cognizant.com/InsightsWhitepapers/Reinventing-Customer-Employee-Engagement-Through-Gamification.pdf

- Melhorar a saúde dos colaboradores.
- Solução de problemas.
- Melhorar o atendimento a clientes.
- Aumentar o engajamento dos colaboradores.

APLICABILIDADE DO *GAMIFICATION* PARA APRENDIZAGEM

Eu poderia seguir inferindo que o *Gamification* é aplicável quando o assunto é aprendizagem, entretanto, faltaria algo e o leitor permaneceria com uma interrogação que talvez o paralisasse frente à oportunidade de experimentar. Por isso, opto por apresentar o resultado de meta-análises feitas sobre alguns estudos neste campo.

Uma meta-análise utiliza técnicas estatísticas para combinar resultados de estudos existentes voltados para uma única questão. A origem desse tipo de análise estatística data do século XVII, quando foi estabelecido que a combinação dos dados de diferentes estudos pode ser mais apropriada que a observação de alguns desses trabalhos isoladamente. A criação dessa teoria é atribuída ao estatístico Karl Pearson, o primeiro a fazer uso de técnicas formais para combinar dados de diferentes estudos médicos.

Há centenas de livros e artigos que investigam a efetividade de *games* e *Gamification*, mas infelizmente muito pouco está disponível em português e essa foi uma das minhas motivações para escrever sobre o assunto. Quando decidi escrever este livro, pensei em compartilhar horas de investigação que me tornaram uma incentivadora do uso do *Gamification* em soluções de aprendizagem.

Os estudos que escolhi mencionar estão publicados em periódicos científicos nos quais a publicação é feita após várias revisões e, portanto, são confiáveis. Selecionei aqueles que se relacionam mais diretamente com o objetivo deste livro.

Para encontrar os estudos completos, você deve acessar as referências de cada um deles e se cadastrar para este fim.

Autor da meta-análise	Título da meta-análise
Jennifer J. Vogel, David S. Vogel, Jan Cannon-Bowers, Clint A. Bowers, Kathryn Muse, Michelle Wright	Computer Gaming and Interactive Simulations for Learning: A Meta-Analysis[4]

Considerações gerais:

Este estudo foi feito por um time de pesquisadores da Universidade da Flórida Central que, inicialmente, encontrou substancial desacordo existente na literatura quanto ao ganho cognitivo para aprendizes como resultado do uso de tecnologia educacional. O grupo examinou inicialmente 248 estudos, mas apenas 32 apresentavam a qualidade necessária para serem utilizados na meta-análise.

A meta-análise foi conduzida para decifrar qual método de ensino (*games* e simulações interativas ou métodos tradicionais) é realmente eficaz e em que circunstâncias.

Conclusões: entre diferentes pessoas e situações, *games* e simulações interativas são predominantes para a obtenção de resultados cognitivos. Entretanto, a consideração de variáveis mais específicas apresenta um quadro mais complexo. Por exemplo, homens não demonstraram preferências, enquanto as mulheres demonstraram preferência por *games* e programas de simulações interativas. Quando aprendizes navegaram eles mesmos pelos sistemas, houve uma significativa preferência por *games* e simulações interativas. No entanto, quando os professores controlaram os programas não houve vantagem significativa.

[1] Níveis cognitivos mais elevados foram observados utilizando simulações interativas em comparação a métodos tradicionais.

[2] *Games* e simulações estimularam melhores atitudes comparadas a métodos de ensino tradicionais.

[3] Os efeitos de *games* e simulações interativas são os mesmos para pessoas de diferentes idades e gênero e também em situações sob o controle do aprendiz.

A meta-análise a seguir é de Robert T. Hays e, além das conclusões, inseri também as recomendações que ele apresenta em seu estudo.

---

4 – Para o estudo completo acesse: http://baywood.metapress.com/app/home/contribution.asp?referrer=parent&backto=issue,1,4;journal,63,195;linkingpublicationresults,1:300321,1

Autor da meta-análise	Título da meta-análise
Robert T. Hays	The effectiveness of instructional *games*: a literature review and discussion[5]

Considerações gerais:

Esta meta-análise foi conduzida no ano de 2005 e teve o objetivo de verificar a efetividade que os *games* têm para a instrução. Hays examinou 274 documentos e, após eliminar os que não se qualificavam para o estudo, trabalhou com 105.

Com base nesta revisão, ele chegou a cinco conclusões e fez quatro recomendações.

Conclusões:

[1] A pesquisa empírica sobre a efetividade instrucional de *games* é fragmentada, repleta de termos inadequados e infestada de erros metodológicos.

[2] Alguns *games* são efetivos para instrução, para algumas tarefas e em algumas situações, mas esses resultados não são generalizáveis para outros *games* ou programas instrucionais.

[3] Não há evidências de que os *games* sejam o método instrucional preferido em todas as situações.

[4] *Games* instrucionais são mais efetivos se estiverem inseridos em programas instrucionais que incluam *debriefing* e *feedback*.

[5] Suporte instrucional durante o jogo aumenta a efetividade instrucional dos *games*.

Recomendações:

[1] A decisão de usar um jogo para instrução deve ser baseada em uma análise detalhada das necessidades de aprendizagem e balanceada entre abordagens instrucionais alternativas.

[2] Os gestores dos programas instrucionais devem insistir com os desenvolvedores de *games* instrucionais para que eles demonstrem como o *game* dará suporte para o alcance dos objetivos instrucionais.

[3] *Games* devem ser utilizados como suporte e apoio, e não como uma instrução completa.

[4] Abordagens sem a presença de um instrutor devem incluir todas as funções de um instrutor.

---

5 – http://www.dtic.mil/dtic/tr/fulltext/u2/a441935.pdf

Esses e outros estudos apontam para a efetividade do uso de *games* para no ambiente instrucional e, assim como esses, há centenas de outros estudos cujo foco não é o uso dos *games* em si, mas o efeito que os diversos elementos dos *games* causam no jogador ou aprendiz.

Muitos dos profissionais envolvidos com essas pesquisas são neurocientistas que investigam o que acontece em nosso cérebro como resultado desses elementos.

Games são construídos com estruturas de recompensa como prêmios, distintivos (*badges*) e pontos e, como vimos no capítulo 4, em que abordei a motivação, há uma relação muito próxima entre essas recompensas e o reforço de aprendizagem que, inicialmente, era feito pelo alimento, podendo ambos eliciar as mesmas reações químicas.

O QUE PODE SER ENSINADO COM O USO DO *GAMIFICATION*

São tantos os exemplos do uso de *Gamification* relacionados com mudança comportamental que podemos tender a pensar que, em geral, o *Gamification* seja melhor aplicado quando o objetivo é promover uma mudança de comportamento. Isso não é verdade. *Gamification* é aplicável para uma série de outros objetivos e, assim como qualquer outra estratégia instrucional, cada necessidade pede uma estratégia.

Para cada habilidade a ser desenvolvida há uma técnica ou elemento mais adequado para este fim. Fato é que, desde habilidades psicomotoras até a solução de problemas, muitas são as possibilidades para o uso de soluções de aprendizagem *gamificadas*. Veja alguns exemplos:

Melhorar a coordenação motora de cirurgiões – uso de *vídeo games*: você já deve ter ouvido a frase "Você não vai dar em nada se continuar brincando com essa coisa o dia inteiro", ou pode ser que você mesmo já tenha dito essa frase para seus filhos. JC Rosser Jr. *et al* encontraram outro resultado no estudo que conduziram. Jogar *vídeo game*, manipular o *joystick* e botões melhora a performance dos cirurgiões.

- Cirurgiões que jogam *vídeo game* três horas por semana cometem 37% menos erros e são 27% mais rápidos em seus procedimentos.

- Demonstram tempo de reação menor.
- Têm sua visão espacial ampliada.

Resolução de problemas: mencionei no capítulo 2 o *case* da cidade de San José que utiliza "*Budget Games*" desde 2011 para que os cidadãos colaborem na decisão de como utilizar o orçamento da cidade. Outro exemplo é o *game* "*Foldit*", criado por um grupo de pesquisadores da Universidade de Washington, em Seatle. O *game* permite o trabalho de não cientistas que contribuem para a descoberta de estruturas de proteínas[6].

Desenvolvimento de habilidades complexas: é possível aprender a resolver problemas e desenvolver outras habilidades como:

- Tomada de decisão.
- Desenvolvimento de habilidades de liderança.
- Inovação.

Mudança de hábitos: mudar hábitos pode não ser uma tarefa fácil, mas tudo fica mais divertido quando você encontra uma motivação e acompanha o seu resultado.

- Inserção de atividades físicas em uma rotina.
- Aprender um idioma.

Dar suporte à performance: muitas vezes ensinar não é o desafio maior. O desafio começa quando o treinamento termina e é necessário promovermos a transferência da aprendizagem para a prática. É justamente na hora de executar uma tarefa que a pessoa precisa do conhecimento, no formato que precisa e na quantidade certa para realizar o seu trabalho.

- *Job Aids*.
- Teste de conhecimentos.
- Atualização de conhecimentos.
- Prática constante.

---

6 – Para saber mais acesse: http://fold.it/portal/

Não esgotei aqui as aplicabilidades. Afinal, como nos *games*, você pode criar milhões de outras possibilidades e elas serão tão mais criativas quanto forem desafiadores os programas que você precisa desenvolver.

Uma dica valiosa é não se limitar ao que está explanado aqui. Olhe para o aprendiz, analise a necessidade e o conhecimento que ele precisa adquirir. Se esse for o seu foco, com certeza você vai encontrar o melhor caminho.

O QUE LEVAR EM SUA BAGAGEM

Aplicabilidade

[1] Quais são as principais aplicabilidades imediatas que você vê para o *Gamification* em sua atividade atual?

[2] Que aspectos você deve considerar para decidir sobre a utilização do *Gamification* com base nas meta-análises apresentadas neste capítulo?

[3] Liste as principais constrições que você tem para o desenvolvimento de um programa de treinamento ou aula e reflita sobre como o *Gamification* pode ajudar você.

Próxima

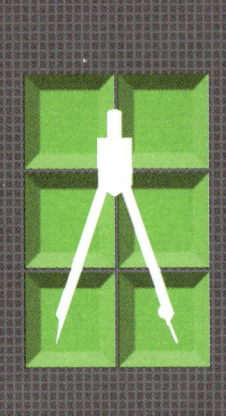

Pontos

112

Capítulo

8

< >

Design Instrucional
de uma solução de aprendizagem *gamificada*

"Não há maior sinal de loucura do que fazer a mesma coisa repetidamente e esperar a cada vez um resultado diferente".

(Albert Einstein)

OBJETIVO DE APRENDIZAGEM

Ao final deste capítulo você saberá:

- O que significa *gamificar* uma solução de aprendizagem.
- Distinguir entre dois tipos de *Gamification*.
- As principais diferenças entre *games* e *Gamification* no contexto de aprendizagem.
- Onde situar o *Gamification* no processo de *design* instrucional de forma eficaz.

INTRODUÇÃO

A aprendizagem nas organizações não está diretamente relacionada a um único tipo de conhecimento como a resolução de problemas ou os processos de tomada de decisão. As pessoas precisam aprender sobre a história da organização, sobre fatos, conceitos, regras e procedimentos. Cada um desses conhecimentos é de um tipo e, portanto a estratégia instrucional escolhida para ensinar cada um deles deve ser diferente. Ao trabalhar com *Gamification* ocorre exatamente a mesma coisa. Será necessário utilizar técnicas de *design* diferentes para cada caso. A mesma técnica pode não ser aplicável para tudo o que se precisa ensinar, deriva daí a importância da identificação do objetivo que se quer alcançar.

Há várias formas para você iniciar o processo de *gamificação* de suas soluções de aprendizagem ou de suas aulas. Se você chegou até aqui já está envolvido com uma delas, ou seja, é importante ler exemplos, pesquisar os artigos que estão mencionados ao longo deste livro e também procurar outros exemplos de utilizações efetivas e, então, introduzir experiências em seus próprios trabalhos.

Eu mesma nunca fui uma grande jogadora e conhecedora de jogos eletrônicos e *vídeo games*. Minha preferência sempre foi os jogos de tabuleiro que reúnem família e amigos, especialmente em tardes de frio e chuva, ou noite adentro no aconchego do lar. Ainda assim, eu tenho que sugerir que você faça o mesmo que eu fiz: jogue!

Experimente novos *games*, observe o seu comportamento, analise o que estimula você, o que o motiva a continuar, as sensações que você tem durante as mudanças de fase ou quando precisa enfrentar alguém. Tenho certeza que a sua própria experiência vai ajudar você no momento do desenvolvimento de seus projetos. Durante meu processo de pesquisa foi exatamente isso que eu fiz e me ajudou muito. Até o processo de seleção e compra dos *games* foi divertido, pois eu nunca tinha comprado *games* para o meu próprio uso e eu posso assegurar que valeu muito a pena.

POR QUE QUEREMOS *GAMIFICAR*

É fato que, ao pensarmos na utilização de *Gamification* para a aprendizagem, estamos em busca de uma solução interativa que promova engajamento e aprendizagem. Justamente por isso o maior equívoco é imaginar que a utilização do *Gamification* irá suprir outros *gaps* no processo de desenvolvimento de um conteúdo como, por exemplo, uma identificação equivocada quanto aos objetivos que se deseja alcançar.

Pesquisas, inclusive as mencionadas aqui, mostram que *games* e elementos de *games* deve ser parte de um programa, ou seja, parte da estratégia instrucional e não a estratégia instrucional como um todo. Pense nisso. *Games* ou elementos de *games* devem ser inseridos em um contexto amplo no qual o *debriefing* é parte importante do processo, caso contrário, uma estratégia instrucional tradicional pode ser mais efetiva.

Questões importantes devem ser levadas em consideração no início do projeto, antes mesmo de tomar a decisão pelo uso do *Gamification*. O orçamento é parte importante nas considerações iniciais caso você se sinta inclinado a usar tecnologia. Isso não que dizer que não tenhamos alternativas acessíveis, significa apenas que você deve analisar o todo antes de tomar sua decisão.

No relatório "*Gamification, Games, and Learning: What Managers and Practioners Need to Know*"[1], por exemplo, relata-se que o gerente de recursos humanos do McDonald's no Japão, Hideki Narematsu, utiliza *games* para o treinamento de novos contratados e, com isso, o tempo de treinamento de integração diminuiu 50%. Entretanto, o *game* que ele utiliza custou US$ 2.2 milhões e dois Nintendo DS Systems para cada uma das 3.800 lojas no

---

1 – Para saber mais acesse: http://www.elearningguild.com/

Japão. Claro que, ao distribuir o custo do desenvolvimento entre as lojas, o custo para cada uma foi de US$ 579.

Hideki Narematsu afirma que "As pessoas aprendem duas vezes mais rápido se comparado com os métodos de treinamento antigos e eles podem aplicar esses conhecimentos imediatamente ao chegar em seu local de trabalho. Quando eles chegam aos seus postos de trabalho eles recordam das tarefas básicas e podem dedicar mais tempo na construção de sua autoconfiança quanto à comunicação e habilidades".

Claro, nem todas as organizações fazem investimentos assim em um único *game*, portanto, o uso de *Gamification* com a utilização de elementos de *games* pode ser uma solução muito mais adequada em termos de investimento.

O QUE SIGNIFICA *GAMIFICAR*

Neste momento é conveniente lembrar a você que *gamificar* não é construir um *game*. Utilizar o *Gamification* pode estar relacionado a coisas muito simples e cabem aqui dois exemplos para que você os mantenha em mente. O primeiro deles são os conhecidos programas de milhagem das empresas aéreas. Ao viajar, você vai acumulando milhas que serão desfrutadas da maneira como você quiser e, com isso, a empresa o incentiva a utilizar os seus serviços, fidelizando-o.

Outro exemplo que você provavelmente conhece muito bem são as redes sociais. Ao preencher os dados de seu perfil no LinkedIn, ele indicará a você, por meio de uma barra, o quanto o seu perfil está completo. Os administradores do LinkedIn relatam que sempre foi um verdadeiro desafio estimular as pessoas a completarem seus perfis. Com a simples introdução da barra indicativa mostrando quanto falta para completar o perfil, eles tiveram um aumento de 20% na obtenção de perfis completos.

Note que isso é muito simples, mas de alguma forma existe como se fosse uma "gota" de impulso psicológico para que você complete o seu perfil. Nós gostamos da sensação de completar, alcançar, atingir, ter resultado. A simplicidade pode gerar resultados concretos e muito efetivos. *Gamification* também é encontrar a diversão onde quer que ela esteja e gerar movimento para o alcance de resultados.

TIPOS DE *GAMIFICATION*

Diferenciamos *Games* e *Gamification*, mas isso não é tudo, é preciso também entender que existem pelo menos dois tipos de *Gamification* segundo Karl M. Kapp.

- *Gamification* estrutural.
- *Gamification* de conteúdo.

Gamification estrutural

Diz-se que o *Gamification* é estrutural quando utiliza elementos de *games* para conduzir o aprendiz pelo processo de aprendizagem sem que haja alterações significativas no conteúdo. O conteúdo, assim, não se torna parecido com um jogo, e sim a estrutura ao redor dele. Tenho utilizado este tipo de *Gamification* em projetos nos quais preciso fazer com que os aprendizes naveguem por conteúdos diferentes e com utilização de recursos diferentes ao longo de um programa.

Se você tem conteúdos distribuídos em livros, vídeos, treinamentos síncronos e assíncronos e encontros presenciais, uma boa solução pode ser o uso do *Gamification* estrutural.

Gamification de conteúdo

O *Gamification* de conteúdo aplica elementos de *game* e também pensamento de *games* para alterar o conteúdo de modo a fazer com que se pareça a um *game*. Isso não significa que o nível de complexidade seja maior, significa que você terá que moldar o conteúdo ao mecanismo de funcionamento de um *game*. Uma forma de fazer isso é criar uma história em que o conteúdo vai sendo desenvolvido como parte do enredo, no qual os personagens ou avatares vão resolvendo problemas e tomando decisões de tal maneira que o conteúdo necessário para essas ações vá sendo aprendido ao longo do processo.

DIFERENCIANDO OS *GAMES* DO *GAMIFICATION* E DEFININDO COMO INICIAR UM PROJETO

A esta altura eu imagino que você já tenha dois pontos iniciais muito claros para que possa se lançar em seu próprio projeto:

[1] *Games* e *Gamification* não são a mesma coisa. *Gamification* pode ser algo muito simples, com ou sem o uso de tecnologia, e deve funcionar como uma estratégia instrucional, ou seja, como uma ferramenta de *design* instrucional. A tabela da Figura 10 ilustra algumas das principais diferenças entre os *games* e o *Gamification*.

Games	*Gamification*
Sistema fechado definido por regras e objetivos	Pode ser um sistema que apresente tarefas com as quais se coleciona pontos ou recompensas
A recompensa pode ser exclusivamente intrínseca, o que significa dizer que o jogo acontece pelo jogo	Recompensa intrínseca pode ser uma opção e acontece com menos frequência, especialmente no campo da instrução
O custo do desenvolvimento de um *game* em geral é alto e o desenvolvimento complexo	Em geral é mais simples e menos custoso para desenvolver
Perder é uma possibilidade	Perder pode ou não ser possível dependendo do que se quer alcançar, uma vez que estamos em busca de motivar alguém para fazer algo específico ligado a um objetivo
O conteúdo é formatado para moldar-se a uma história e cenas do jogo	Características e estética de *games* são adicionadas sem alterações sensíveis de conteúdo

Games	Gamification
É sempre voluntário, o jogador pode escolher jogar ou não jogar e ainda quando parar	Quando utilizado como estratégia instrucional, jogar não é uma opção. É preciso pensar na atratividade para conseguir o engajamento mesmo não sendo voluntário

Figura 10: Principais diferenças entre *games* e *Gamification*

[2] *Gamification* como estratégia de aprendizagem é uma forma interativa e divertida para o alcance de um objetivo específico e mensurável, portanto o desenvolvimento de uma solução de aprendizagem *gamificada*, de um programa de treinamento ou de uma aula deve começar pelo mesmo ponto de partida, definindo objetivos e estratégias para a medição do resultado e seguir o fluxo completo até que a aprendizagem seja transferida para o local de trabalho e possa gerar o impacto esperado no negócio. A Figura 11 ilustra a Metodologia SG+® que utilizo para o *design* instrucional de minhas soluções de aprendizagem *gamificadas*.

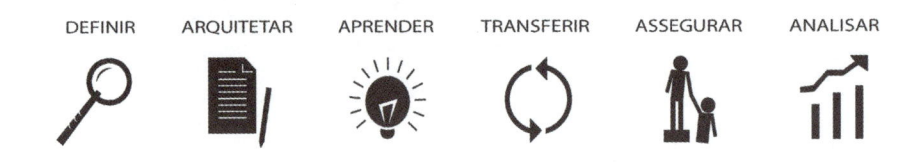

DEFINIR — ARQUITETAR — APRENDER — TRANSFERIR — ASSEGURAR — ANALISAR

Figura 11: Metodologia de *design* instrucional SG+®

ETAPAS DO *DESIGN* INSTRUCIONAL CRUCIAIS PARA O SUCESSO DE SEU PROJETO DE ACORDO COM A METODOLOGIA SG+®

A metodologia que utilizo, SG+® foi desenvolvida pela SG Soluções e Gestão Empresarial e foi baseada em sistemas de *design* instrucional existentes e clássicos. Entretanto, ao longo do tempo, a experiência foi nos mostrando o que deveríamos acrescentar para assegurar não só a aprendizagem na concepção da palavra, mas também a performance de quem aprende promovendo também a transferência, garantindo que as condições necessárias estejam presentes e, sobretudo, que o impacto no negócio aconteça de forma a permitir a análise da influência e eficácia dessa solução de aprendizagem, seja ela *gamificada* ou não.

Sendo este livro focado no *Gamification* na prática, e não em sistemas de *design* instrucional (ISD) neste capítulo faço uma revisão em aspectos que você provavelmente já conhece e utiliza e, se não, acredito ser o momento ideal para fazer isso para garantir o sucesso do desenvolvimento de seus projetos *gamificados* uma vez que este é um pré-requisito.

Etapa 1 - Definir

Esta é uma etapa de extrema importância e recebe esse nome para alertar sobre o fato de que você não deve seguir adiante se não tiver uma definição. Entretanto, você precisa fixar aqui os objetivos que pretende alcançar, ou seja, quais são os resultados para o negócio que precisam ser alcançados.

É nesta etapa que você conduz uma série de avaliações e análises para entender o cenário. Você deve, na verdade, descobrir mais do que o resultado para o negócio, é preciso definir como você irá conduzir o processo de avaliação final. Esta análise deve também incluir a avaliação dos recursos disponíveis, o perfil do público para quem você está desenvolvendo uma solução e mais, você deve buscar informações sobre o perfil de aprendizagem deste público para tomar decisões quanto a estratégias adequadas de aprendizagem quando chegar a hora. Amplie o horizonte de sua análise e conheça também o cenário sociocultural no qual este público está inserido.

Etapa 2 - Arquitetar

A etapa 2 diz respeito à arquitetura de sua solução de aprendizagem, é aqui que você deve pensar na criação de uma experiência que contemple tudo o que é necessário para o sucesso de seu projeto. A arquitetura não é uma etapa estanque, ela deve navegar por todos os aspectos envolvidos tanto para a aprendizagem, quanto para a transferência desta para a prática. Isso significa dizer que a arquitetura define tudo que irá acontecer desde a divulgação da solução de aprendizagem até a materialização da prática.

É nesta fase que você checa quais conhecimentos são necessários para fazer o que está definido no objetivo instrucional e é em função do tipo de conhecimento que precisará ser aprendido que você escolherá, ou não, o *Gamification* como uma estratégia viável para promover a aprendizagem.

Esta etapa recebe o nome de arquitetura para que você pense como um *designer*, como um arquiteto de instrução. Você precisa tomar decisões para a organização deste conhecimento que permitam a aprendizagem de forma engajada, divertida, suave e eficaz. Isso significa dizer que aquilo que for aprendido, será aprendido porque tem relevância e aplicabilidade.

Etapa 3 - Aprender

Este é o ponto de contato crucial entre a sua solução de aprendizagem e seus aprendizes. É neste momento que a aprendizagem acontece e ela pode variar quanto ao formato de entrega dessa solução. Isso significa dizer que essa solução de aprendizagem poderá ou não ser presencial, e isso foi definido na etapa 1 quando você analisou o cenário. Os recursos que você utilizará dependerão, não só do público e sua localização, mas também do *budget* e objetivo instrucional definidos. O grande equívoco dos programas de treinamento existentes é olhar apenas para essa etapa e pensar que ela é o mais importante. Lembre-se, ela é parte e não o todo. Uma boa solução de aprendizagem, seja ela *gamificada* ou não, entrega conteúdos que permitam ao aprendiz colocar em prática o que aprendeu, pois é para isso que você treina as pessoas. Pense no objetivo instrucional.

Etapa 4 - Transferir

Resultados são alcançados por meio de prática e não por meio de conhecimento em sua essência conceitual. Se uma equipe de colaboradores de sua empresa detém o conhecimento, mas não o coloca em prática, o resultado não vai acontecer e o treinamento não foi eficaz. A transferência inclui as estratégias e instrumentos que você criou na arquitetura (etapa 2) para assegurar a prática desses conhecimentos na realidade cotidiana deste colaborador de modo a promover o resultado. É justamente aqui que o *Gamification* tem promovido os melhores resultados nas soluções de aprendizagem que tenho desenvolvido, por isso optei por apresentar nossa metodologia de *design* instrucional para você.

Etapa 5 – Assegurar

As etapas 4 e 5 são amigas inseparáveis, isso significa dizer que não basta oferecer recursos para promover a performance, é preciso assegurar que a performance ocorra e, para isso, você precisa dar apoio, ou seja, é necessário oferecer suporte à performance. Colocar conhecimentos novos em prática pode ser tão complexo quanto mudar um hábito. Você deve lembrar que uma das categorias para as quais o *Gamification* agrega valor é para impulsionar a mudança de comportamentos, ou seja, a mudança de hábitos. Pois bem, pense nesta etapa quando fizer a arquitetura de sua solução e estude a viabilidade de utilizar o *Gamification* também aqui.

Etapa 6 – Analisar

Você fez tudo como deveria ser feito e cumpriu todas as etapas. Missão cumprida, vamos para o próximo projeto? Não caia nessa armadilha. É preciso fazer mais do que medir os resultados, é preciso analisar o impacto da ação instrucional no negócio, eliminar eventuais *gaps*, corrigir rumos e registrar os resultados. Muitas vezes perdemos a motivação para documentar um determinado projeto pela dificuldade que encontramos nas definições necessárias na etapa 1. Eu entendo, mas incentivo você a não se contentar com nada que seja diferente de analisar e documentar, pois é assim que o seu trabalho também adquire valor e reconhecimento. Fazer diferente para obter resultados diferentes e não documentar é correr o risco de não aproveitar o que esses resultados podem agregar de valor à sua carreira. Não espere que alguém cobre você por isso, surpreenda.

O QUE LEVAR EM SUA BAGAGEM

[1] Criar um *game* é o mesmo que desenvolver uma solução de aprendizagem *gamificada*? Se não, qual a diferença?

[2] Pense em um programa de treinamento ou aula com o qual você esteja trabalhando atualmente. *Gamification* é uma estratégia instrucional adequada para este programa? Se sim, qual o melhor tipo de *Gamification* para este caso e quais as razões para essa escolha?

[3] Em que momentos de um programa de treinamento o *Gamification* pode ser eficaz? Como e em que momento do *design* instrucional você toma essa decisão?

DI

90%

GAMIFICATION

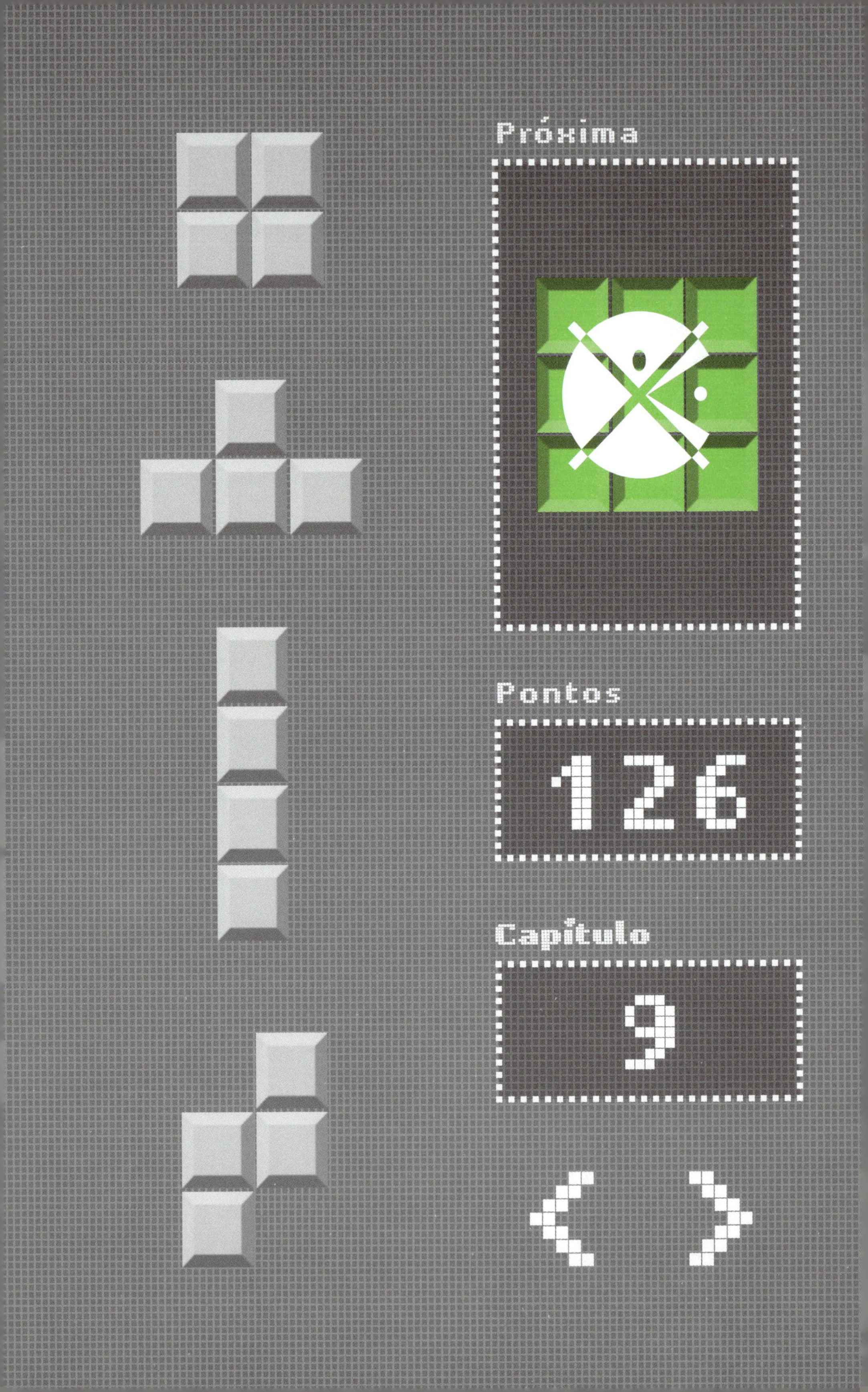

Próxima

Pontos

126

Capítulo

9

‹ ›

Como arquitetar
soluções de aprendizagem com o uso de *Gamification*

"Simplicidade é a mais alta forma de sofisticação".

(Leonardo da Vinci)

OBJETIVO DE APRENDIZAGEM

Ao final deste capítulo você saberá:

- Decidir pelo uso do *Gamification* como estratégia instrucional com base nos objetivos instrucionais e no tipo de conhecimento a ser ensinado.
- Efetuar o *design* de soluções que incluam *Gamification* de acordo com sua aplicação na aprendizagem.
- Assegurar a execução dos passos necessários para a criação de uma solução de aprendizagem *gamificada*.

INTRODUÇÃO

Escolhi uma frase de Leonardo da Vinci que gosto muito e que procuro manter sempre por perto para me lembrar da importância da simplicidade: "A simplicidade é a mais alta forma de sofisticação". Portanto, comece pequeno. Inicie com a *gamificação* de uma atividade, crie um desafio para iniciar uma apresentação que esteja relacionada ao seu objetivo instrucional, reforce os acertos utilizando pontos, estabeleça uma competição ou crie um desafio colaborativo para a solução de um problema para o bem comum, mas experimente!

Este capítulo fornecerá a você instrumentos suficientes para complementar os conhecimentos que construímos até aqui. Eles não esgotam o assunto e nem seria possível esgotá-lo neste livro, entretanto eles são abrangentes e suficientes para o *design* instrucional de soluções *gamificadas*, ou seja, eles fornecem a você uma sequência de ações que permitirão o desenvolvimento de uma solução de aprendizagem *gamificada* concreta.

UM ROTEIRO PARA O *DESIGN* DE SUA SOLUÇÃO DE APRENDIZAGEM *GAMIFICADA*

Quando viajamos para um lugar que não conhecemos, há sempre um certo clima de tensão. Como será o percurso? Que tipo de pessoas vou encontrar em minha viagem? Existem pontos perigosos ao longo desta viagem e com os quais devo prestar atenção? Ao experimentarmos novas práticas, podemos ter sensações muito parecidas com essas.

Foi pensando nisso que desenvolvi este capítulo no formato de roteiro com uma sequência de passos que guiarão você pela jornada do *Gamification*. Aproveite o percurso desta viagem e se aventure na criação de soluções de aprendizagem engajadoras para seus aprendizes. Este roteiro deve servir para você como um guia, mas isso não significa que ele seja o único caminho que você tem a percorrer.

Como em uma viagem para um local que você vai pela primeira vez, eu o aconselho a utilizar o guia e, conforme sua experiência aumenta, você se sentirá preparado para escolher caminhos alternativos.

OS PASSOS DO ROTEIRO

Este roteiro está dividido em passos macro e cada um deles se subdivide em função das ações que você deve executar. Durante todo o processo, lembre-se incansavelmente que sua perspectiva é diferente da perspectiva do aprendiz ou jogador. O *design* é feito para ele.

Este roteiro tem como pano de fundo a abordagem MDA (*Mechanics, Dynamics, Aesthetics*), uma abordagem formal para o *design* de *games*, aplicável para o *Gamification*, embora agora você já saiba que *games* e *Gamification* não são sinônimos. Adoto essa abordagem no desenvolvimento de minhas soluções de aprendizagem *gamificadas* para assegurar o uso do "pensamento de jogos" que, como já mencionei anteriormente, é a chave para o sucesso.

Os passos deste roteiro são:

[1] Conheça os objetivos do negócio e de aprendizagem.

[2] Defina comportamentos e tarefas que serão *target* desta solução.

[3] Conheça os seus jogadores.

[4] Reconheça o tipo de conhecimento que precisará ser ensinado.

[**5**] Assegure a presença da diversão.
[**6**] Utilize ferramentas apropriadas.
[**7**] Faça protótipos.

Primeiro passo: conheça os objetivos do negócio e de aprendizagem

Comece pelo fim. Isso significa dizer que você precisa começar pelos objetivos que quer alcançar. É necessário que você entenda o problema a ser resolvido por meio desta solução de aprendizagem, daí a importância do que discutimos no capítulo 8 quando apresentei a você uma metodologia de *design* instrucional.

Supondo que você seguiu o processo de *design* instrucional como deve ser feito, a esta altura você deve ter a análise de cenário descrita na primeira etapa (Definir) da metodologia SG+® e você também já sabe "quem deve fazer o quê, utilizando quais ferramentas, com qual performance e em quanto tempo".

O formulário abaixo ajudará você na organização dessas informações.

	Objetivo do negócio	Como será medido
Problema que precisa ser solucionado		

Analise o que você encontrou como problema. Agora responda: este é um problema que pode ser resolvido por meio de treinamento? Se sim, defina o objetivo instrucional que ajudará a resolver este problema.

Segundo passo: defina comportamentos e tarefas que serão *target* desta solução

Para isso, transcreva o seu objetivo instrucional para o espaço abaixo e liste comportamentos que precisam ocorrer e tarefas que precisam ser executadas pelo aprendiz ou jogador.

Objetivo instrucional	Quem deve ser capaz de fazer o quê, utilizando quais ferramentas, com qual performance e em quanto tempo:
Conhecimentos	1) 2) 3)
Tarefas	1) 2) 3)

Definir os comportamentos e tarefas que precisam ser ensinados é fundamental, pois o tipo de conhecimento envolvido irá determinar o tipo de *gamificação* e elementos a serem utilizados em sua solução.

Se você não tiver clareza sobre isso, sugiro que faça um acompanhamento para análise de tarefas ou competências que serão foco neste projeto. Se necessário, utilize o modelo da Figura 12:

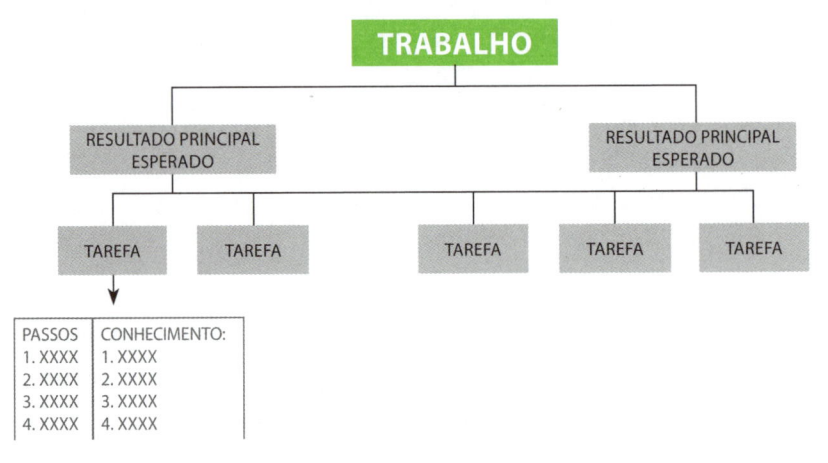

Figura 12: Modelo para análise de tarefas e identificação de conhecimentos

Este modelo permitirá a você verificar os conhecimentos envolvidos em uma determinada tarefa a ser ensinada.

Terceiro passo: conheça os seus jogadores

Para conhecer os seus jogadores você tem vários instrumentos disponíveis, alguns deles mencionados no capítulo 5, em que abordei os tipos de aprendizes e estilos de aprendizagem. Entretanto, para o sucesso de seu trabalho você precisa se aprofundar um pouco mais para que possa descobrir que tipos de atividades engajarão os seus aprendizes.

É necessário desenhar um mapa de empatia (Figura 13) e descobrir o que ele pensa e sente, o que ele ouve, o que ele vê, e o que ele faz e diz.

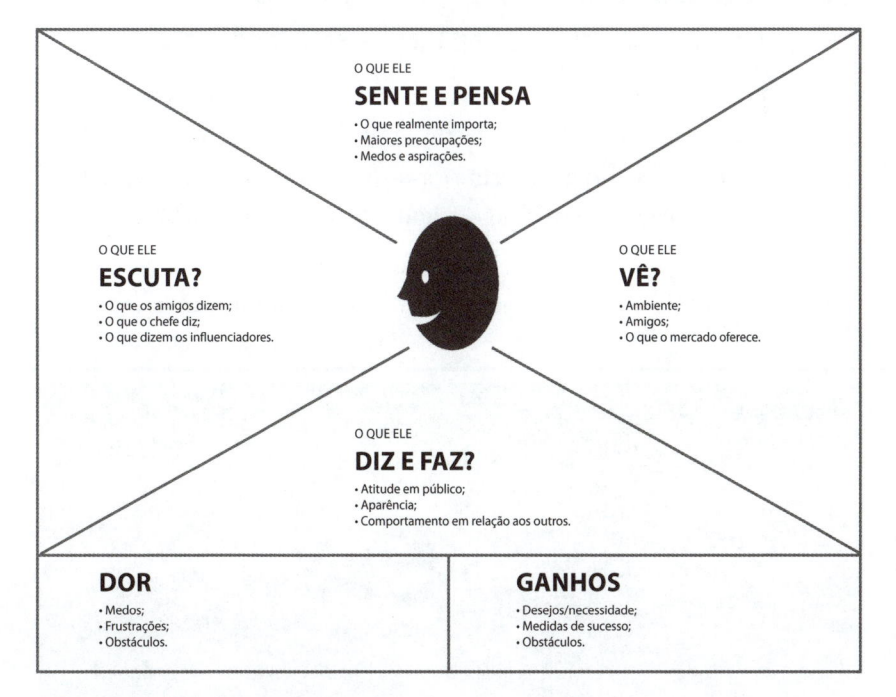

O QUE ELE
SENTE E PENSA
- O que realmente importa;
- Maiores preocupações;
- Medos e aspirações.

O QUE ELE
ESCUTA?
- O que os amigos dizem;
- O que o chefe diz;
- O que dizem os influenciadores.

O QUE ELE
VÊ?
- Ambiente;
- Amigos;
- O que o mercado oferece.

O QUE ELE
DIZ E FAZ?
- Atitude em público;
- Aparência;
- Comportamento em relação aos outros.

DOR
- Medos;
- Frustrações;
- Obstáculos.

GANHOS
- Desejos/necessidade;
- Medidas de sucesso;
- Obstáculos.

Figura 13: Mapa de empatia

Com esse mapa já preenchido você agora tem uma visão ampla dos mecanismos que cercam o seu aprendiz e das emoções que o mobilizam. É hora de partir para a localização do tipo de aprendiz de acordo com a classificação de Bartle e verificar que tipo de ação você irá promover com base nos verbos de engajamento e ação.

VERBOS DE ENGAJAMENTO SOCIAL E AÇÃO

```
construir    criar    AGINDO         desafiar
      desenhar                vencer
              comprar                  exibir
escolher   EXPRESSAR    COMPETIR
      decorar                        ironizar
              customizar   comparar
CONTEÚDO ─────────────────────── JOGADORES
              coletar      comentar
                                     gostar
      voltar   EXPLORAR    COLABORAR     doar
              ranquear    cumprimentar  ajudar
      revisar                       compartilhar
              INTERAGINDO
```

Tipo de jogador:
Classificação da atividade *gamificada* de acordo com a ação que você quer provocar.

Quarto passo: reconheça o tipo de conhecimento que precisará ser ensinado

O tipo de conhecimento que precisa ser ensinado determina o tipo de atividade a ser utilizada. Tenha um objetivo instrucional bem construído. O instrumento mais conhecido para esse fim é a Taxonomia de Bloom, criada no ano de 1956 e utilizada até os dias de hoje, tendo sido revisada no ano de 2001.

Utilize a tabela da Figura 14 para identificar as atividades que melhor correspondem ao tipo de conhecimento que você precisará ensinar neste projeto.

Taxonomia de Bloom	Definição dos termos da Taxonomia	Verbos	Exemplos de atividades
Criar	Reunir elementos para formar um todo coerente, reorganizar elementos em uma nova estrutura ou padrão por meio da criação, planejamento ou produção	Montar, construir, criar, desenvolver, formular, escrever, gerar, planejar, produzir	Atividades construtivas, mapas mentais, criar um jogo próprio
Avaliar	Efetuar julgamento com base em um critério e padrão por meio de verificação e crítica	Montar, defender, julgar, selecionar, apoiar, avaliar, criticar, checar	Atividades construtivas, mapas mentais, criar um jogo próprio

Taxonomia de Bloom	Definição dos termos da Taxonomia	Verbos	Exemplos de atividades
Analisar	Desmembrar materiais em suas partes constituintes, determinando como elas se relacionam umas às outras e a estrutura toda ou propósito por meio de diferenciação, organização e atribuição	Comparar, contrastar, diferenciar, discriminar, experimentar, questionar, organizar, atribuir	Atividades que envolvam alocação de recursos
Aplicar	Seguir ou utilizar um procedimento por meio da execução ou implementação	Demonstrar, dramatizar, empregar, ilustrar, operar, agendar, rascunhar, resolver, usar, executar, implementar	*Role playing*
Compreender	Construir significado a partir de mensagens orais, escritas ou gráficas por meio da interpretação, exemplos, classificação, resumo, inferência, comparação e explanação	Classificar, identificar, alocar, reconhecer, reportar, selecionar, interpretar, exemplificar, resumir, interferir, comparar	Solução de quebra-cabeças, atividades exploratórias
Lembrar	Recuperar, reconhecer e lembrar conhecimentos relevantes da memória de longo prazo	Definir, duplicar, listar, memorizar, lembrar, repetir e reconhecer	Combinar, colecionar

Figura 14: Reconhecimento do domínio cognitivo adaptada de *The Gamification of Learning and Instruction – FieldBook – Karl Kapp*

Quinto passo: assegure a presença da diversão

A diversão deve ser um fator presente, você pode adicioná-la por meio de mecanismos que acionam as emoções dos aprendizes ou jogadores de várias maneiras. O estudo que você fez para identificar o seu jogador resultou em pistas sobre o que o movimenta. Entre as formas de assegurar a diversão você deve considerar:

- Adquirir conhecimentos.
- Antecipar o futuro.
- Gerir uma situação de conflito.
- Sentir medo.
- Estreitar laços afetivos e de relacionamento.
- Explorar espaços e conhecimentos desconhecidos.
- Relaxar.
- Cuidar de si e do outro.
- Organizar grupos.
- Encontrar recompensas e tesouros aleatórios.
- Ser recompensado por acertos.
- Coletar coisas.
- Fazer parte de uma fantasia.
- Ser reconhecido por suas conquistas.
- Ser organizador e líder.
- Desvendar mistérios.
- Resolver problemas.
- Descobrir padrões e inúmeros outros.

Uma atividade também é divertida ou não em função do grau de dificuldade que você encontra para realizá-la. Para experimentar o que o psicólogo Mihaly Csikszentmihalyi chama de "*flow*", você vai precisar regular o grau de dificuldade dessa atividade fazendo com que ela não seja nem tão difícil a ponto de provocar ansiedade, nem tão fácil a ponto de entediar quem está envolvido com ela. A Figura 15 ilustra o "*flow*":

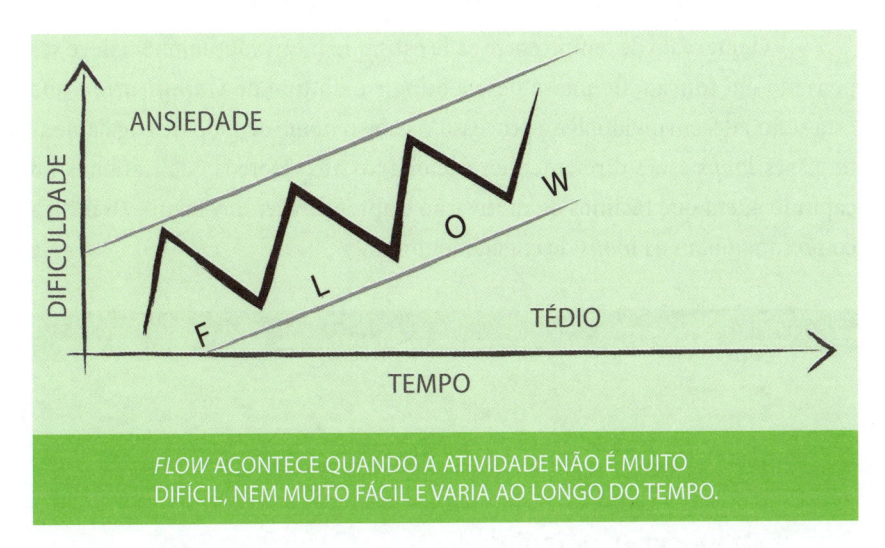

FLOW ACONTECE QUANDO A ATIVIDADE NÃO É MUITO DIFÍCIL, NEM MUITO FÁCIL E VARIA AO LONGO DO TEMPO.

Figura 15: *Flow* – como deve variar o grau de dificuldade de uma atividade

Sexto passo: utilize ferramentas apropriadas

Isso implica em desenvolver a habilidade de pensar como um *designer* de *games*. Pense na estrutura completa. Estabeleça metas objetivas e transmita essas metas para que o aprendiz ou jogador saiba o que é esperado dele. Restrinja a forma de alcançar o objetivo, mas permita que o aprendiz tenha autonomia para empregar abordagens diferentes.

Estabeleça também metas intermediárias para facilitar o alcance do processo de *flow*. Lembre-se de recompensar o alcance dessas metas intermediárias para estimular o aprendiz ou jogador a seguir adiante.

O progresso do aprendiz deve ser visível, saber que parte do percurso já foi percorrida impulsiona a conclusão. O *feedback* em tempo real é talvez uma das ferramentas mais poderosas de engajamento e você pode fazer isso com o uso de pontos, distintivos, barras de progresso e outros ícones visuais que lhe parecerem convenientes.

O ser humano gosta de ser reconhecido e o *status* desempenha um importante papel no cenário de uma solução de aprendizagem *gamificada*. A criação de placares com posicionamento, distintivos e prêmios favorece este reconhecimento.

Você também pode trabalhar com recursos como moedas ou outros que possam ser angariados pelo aprendiz ou jogador ao longo do desempenho da atividade *gamificada*.

O intervalo de tempo entre cada estímulo motivador também deve ser pensado em função do que se deseja atingir e do tipo de *Gamification* que está sendo desenvolvido. Esse processo recebe o nome de *loop* de engajamento. Esses *loops* estão diretamente relacionados aos reforços que tratamos no capítulo 4, em que falamos de motivação e aprendizagem. A Figura 16 ilustra como funcionam os *loops* de engajamento.

LOOP DE ENGAJAMENTO

MOTIVAÇÃO → AÇÃO → FEEDBACK

Figura 16: *Loop* de Engajamento

Sétimo passo: faça protótipos

Uma solução de aprendizagem *gamificada* precisa ser experimentada, jogada, testada e só então implementada. Nenhuma ideia é boa o suficiente para que não seja descartada e nem ruim o suficiente que não mereça ser testada. Por isso, antes de tomar a decisão sobre o formato final, faça protótipos, tantos quanto seja necessário para assegurar o sucesso.

O QUE LEVAR EM SUA BAGAGEM

[1] Quais são os passos que você deve seguir para criar uma solução de aprendizagem *gamificada* com sucesso?

[2] Agora que você já conhece os passos que deve seguir para inserir o *Gamification* nas suas soluções de aprendizagem *gamificadas*, quais você acredita que serão as suas principais dificuldades na prática?

[3] O que você vai fazer para superar essas dificuldades?

GAMIFICATION

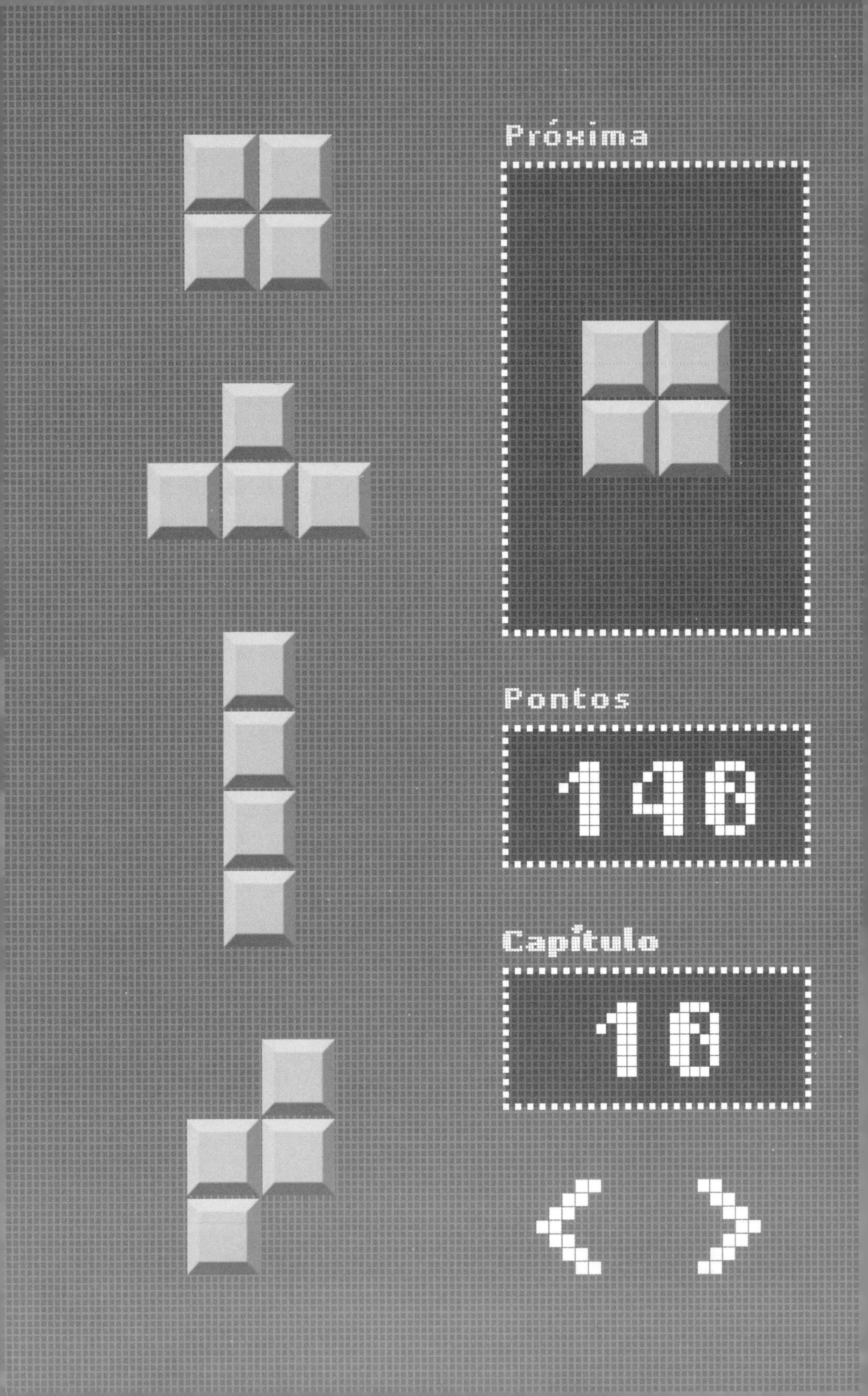

Próxima

Pontos

148

Capítulo

10

‹ ›

Quando você não deve usar o *Gamification*

"Não prever, é já lamentar".
(Leonardo da Vinci)

OBJETIVO DE APRENDIZAGEM

Ao final deste capítulo você saberá:

- Evitar o uso do *Gamification* como estratégia de aprendizagem em situações específicas.
- Ousar na implementação de soluções de aprendizagem *gamificadas* quando essas forem as estratégias mais adequadas para o alcance dos objetivos de seu projeto.

INTRODUÇÃO

Alguns conceitos estão tão enraizados em nossa cultura e em nós mesmos que tendemos a achar que o uso do *Gamification* é a melhor das soluções e irá resolver todos os nossos problemas quando o assunto é engajamento e aprendizagem. Afinal, jogar é tão legal e envolvente que pode induzir a várias razões inadequadas para se escolher o *Gamification* como estratégia de aprendizagem.

Escrevi este livro para ajudar você a implementar o *Gamification* com sucesso e, por isso, escolhi terminá-lo apontando algumas razões inadequadas pelas quais você poderia utilizar o *Gamification* e acabar se frustrando por não alcançar os resultados esperados. Ofereço também um *checklist* com passos essenciais para o sucesso de seu projeto.

Mesmo havendo várias pesquisas disponíveis, elas não são tantas e tão abrangentes quanto nossos questionamentos e nem tão específicas. Entretanto, elas já são suficientes para demonstrar a eficácia do uso do *Gamification* como uma estratégia instrucional. A boa notícia é que hoje há vários profissionais ao redor do mundo engajados no estudo mais aprofundado deste tema para que, cada vez mais, tenhamos o respaldo da ciência em nosso trabalho. Portanto, não paralise. Experimente!

COMO AS DEMANDAS CHEGAM ATÉ VOCÊ

Seja você um consultor, um *designer* instrucional, um instrutor, um profissional de marketing ou um professor, muitas vezes as demandas chegam como um pedido pronto, acompanhadas de uma grande expectativa de que você seja capaz de entregar o pedido, com o prazo de apenas alguns dias e com tudo o que é necessário para garantir o sucesso. No capítulo 8 ressaltei alguns aspectos essenciais do *design* instrucional que, muitas vezes, são deixados de lado responsabilizando-se o tempo, ou falta dele, pela não utilização de um sistema de *design* instrucional estruturado.

Cabe a nós profissionais engajados com a aprendizagem exercitarmos a empatia em primeiro lugar, pois um pedido como esse só chega até nós dessa maneira porque a pessoa que o faz não sabe que essa pode não ser a melhor solução. Não a culpe, descubra o problema e, se essa não for a melhor estratégia instrucional, mostre as razões pelas quais outra estratégia pode atender melhor ao objetivo que se quer alcançar.

NÃO DECIDA POR *GAMIFICATION* QUANDO VOCÊ OUVIR ARGUMENTOS IMPRÓPRIOS

Todo mundo está *gamificando*

De repente parece que todo mundo usa o *Gamification*. Você abre a revista e lá está ele, liga a TV e lá está um novo aplicativo sendo ofertado para concorrer a um prêmio, você olha para as empresas nas quais os seus colegas trabalham e todos têm um exemplo na ponta da língua para mencionar a você. Então alguém pede que você desenvolva um treinamento *gamificado* e você pensa que se todos estão usando o *Gamification*, você deveria fazer o mesmo, pois afinal, você não quer ficar de fora e correr o risco de ser encarado como um profissional ultrapassado.

Quando este é o caso, a melhor solução é pesquisar com profundidade os objetivos que se deseja alcançar, uma vez que olhar para fora do negócio neste momento não é a melhor opção. Ninguém faz um treinamento só porque todo mundo está fazendo. Uma solução de aprendizagem deve ser direcionada por necessidades internas.

Gamification tem sucesso se implementado para alcançar objetivos de aprendizagem específicos e não se for utilizado de forma banal. Como qualquer outro esforço de treinamento e qualificação profissional, há custos envolvidos e expectativas de retorno sobre o investimento feito.

As pessoas vão aprender sem perceber

Em muitas organizações, o histórico de convocação para treinamentos longos e descolados da realidade para o cumprimento de normas estabelecidas, chega a tornar um dia de treinamento uma verdadeira tortura. Quando você se deparar com uma situação na qual alguém parece querer camuflar um evento de treinamento faça perguntas investigativas.

Esclareça para essa pessoa que os indícios de sucesso do *Gamification* apontados em pesquisas estão sempre relacionados à relevância do conhecimento para os aprendizes e ao processo de *debriefing* dessa atividade, por isso é essencial que as pessoas saibam exatamente o que se espera delas por meio dessa atividade, seja ela uma atividade *gamificada* ou não.

Gamification é legal, divertido e engaja as pessoas em sua aprendizagem

Este é mais um argumento comum em tempos em que instrutores e palestrantes parecem sofrer e disputar a atenção de sua audiência com a tecnologia. Não há dúvidas de que o *Gamification* traga diversão para a aprendizagem, mas a diversão não pode ser o fim. Ela é um meio precioso para auxiliar no processo de aprendizagem, mas isso só vai acontecer se aquilo que está sendo aprendido tiver relevância para quem aprende e for ajudar essa pessoa a executar melhor o seu trabalho. Simuladores, por exemplo, não são divertidos, mas engajam as pessoas em sua aprendizagem porque claramente permitem o aprendizado em um ambiente seguro onde, não sendo os riscos reais, aprende-se com o erro de forma a evitar o impacto que um erro real poderia ter.

Desenvolver uma solução *gamificada* é fácil e diminui o tempo de um treinamento

Muitas pessoas veem pronta uma solução de treinamento *gamificada* aparentemente simples e pensam que é possível fazer algo assim sem esforço e sem um sistema estruturado de *design* instrucional. Não é verdade. Criar uma solução de aprendizagem *gamificada* consome tempo e energia. É preciso que você faça uma checagem constante entre a dinâmica que está sendo criada e os objetivos instrucionais para assegurar que eles serão alcançados. Não basta acrescentar distintivos, pontos e atividades em grupo se tudo isso não estiver em perfeito alinhamento com as estruturas motivacionais do ambiente onde o aprendiz terá que desempenhar sua performance, e isso precisa estar muito claro.

A diversão de uma solução *gamificada* vai distrair a atenção das pessoas e dissimular pontos de insatisfação

Isso não é verdade. Infelizmente ainda nos deparamos com eventos de treinamento sendo utilizados para finalidades diferentes da aprendizagem. Os resultados não estão dentro do esperado e lá vamos nós para um hotel paradisíaco trabalhar aspectos relacionados a *team building*. Os clientes não estão compreendendo os benefícios de nossos produtos, então somos chamados para melhorar os níveis motivacionais e assim sucessivamente.

Uma solução de aprendizagem divertida não vai impedir as pessoas de perceberem outros fatores que podem influenciar sua performance como o fluxo de processos, falta de clareza nas metas operacionais, ausência de *feedback*, procedimentos de trabalho obscuros ou falta de incentivos apenas para mencionar alguns.

COMO ASSEGURAR O SUCESSO

Assegurar o sucesso significa incluir *Gamification* como uma de suas estratégias de aprendizagem quando você se certificar, no processo de *design* instrucional, que essa pode ser a melhor forma para promover a aprendizagem de um determinado conteúdo.

O sucesso está diretamente conectado ao alinhamento de sua solução de aprendizagem aos objetivos instrucionais que se deseja atingir e com o processo de *debriefing* desta atividade dentro do contexto instrucional.

Podemos afirmar que o sucesso depende, então, da utilização de um sistema de *design* instrucional completo que seja capaz de, em sua amplitude, abranger desde a identificação dos objetivos e sistemas de avaliação até a análise e documentação dos resultados. Dessa maneira, você poderá ousar na arquitetura de seu trabalho, podendo empregar o *Gamification* estrutural ou de conteúdo na aprendizagem, suporte à performance ou onde mais sua imaginação o levar. Sucesso!

O QUE LEVAR EM SUA BAGAGEM

[1] Em que situações você deve evitar o uso do *Gamification* como uma estratégia de aprendizagem?

[2] O que você deve fazer para garantir o sucesso de um projeto com o uso do *Gamification*?

[3] Agora que você finalizou sua leitura, o que vai fazer na prática para experimentar o uso do *Gamification* como uma nova ferramenta em seu trabalho?

100%

GAMIFICATION

Próxima

Pontos

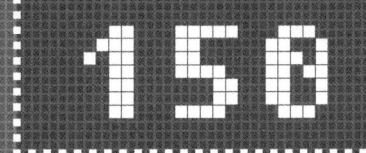

150

Capítulo

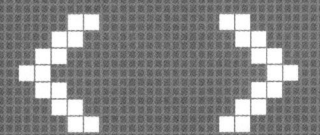

11

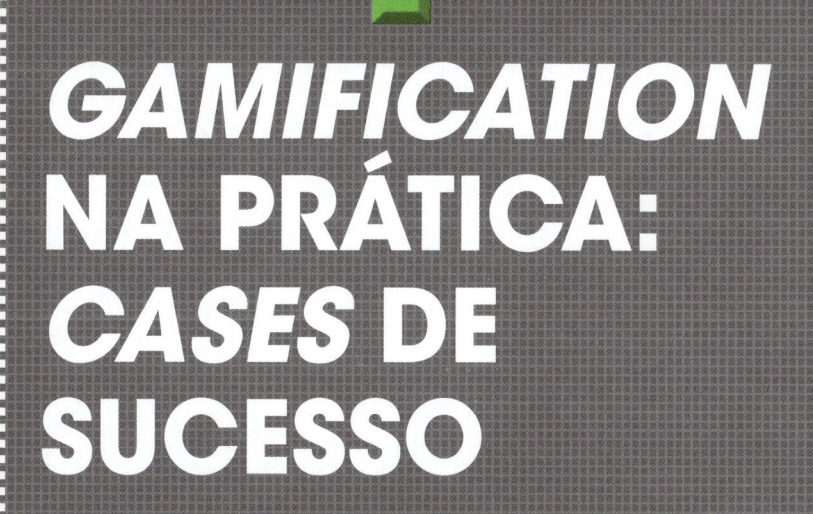

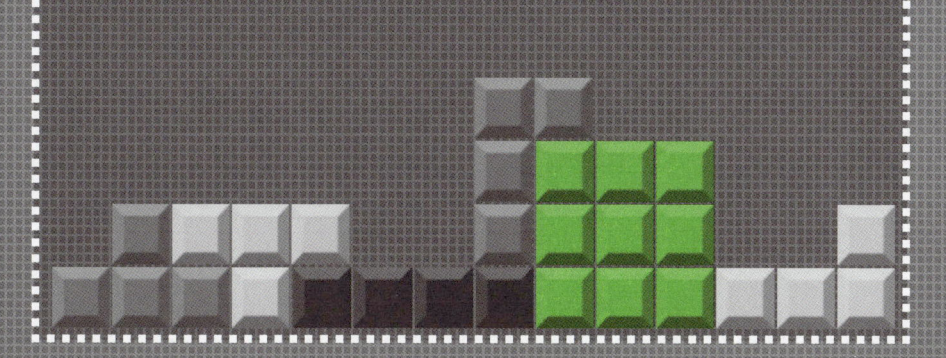

GAMIFICATION NA PRÁTICA: *CASES* DE SUCESSO

OBJETIVO DE APRENDIZAGEM

Ao final deste capítulo você saberá:

- Como o *Gamification* estrutural contribuiu para a utilização de conteúdos já existentes na organização e sua transferência para a prática. *Case* Bradesco.
- Quais os principais benefícios alcançados com o uso do *Gamification* de conteúdo para o treinamento de grandes audiências pulverizadas geograficamente. *Case* Ipiranga.

INTRODUÇÃO

Inovar exige bravura, coragem e iniciativa em todos os campos de conhecimento. Assim é também com a aprendizagem. Novos desafios e cenários exigem novas posturas e respostas que contribuam para a aprendizagem efetiva. Este capítulo é dedicado a dois *cases* de sucesso.

Vamos nos debruçar sobre as principais lições aprendidas de cada um deles e cabe aqui um agradecimento especial ao Bradesco e à Ipiranga que nos permitiram compartilhar seu sucesso, abrindo caminho para que outras empresas sejam capazes de superar os desafios da aplicabilidade do conhecimento. A ambas, o meu mais sincero agradecimento pela confiança e por acreditarem que "conhecimento é a única coisa que, quanto mais se compartilha, mais se tem".

SE QUEREMOS RESULTADOS MELHORES, TEMOS QUE PERCORRER NOVOS CAMINHOS

Como defendi ao longo deste livro, o *Gamification* deve ser visto como uma ferramenta que compõe o arsenal de um *designer* instrucional. Isso significa dizer que o seu sucesso depende de um bom diagnóstico e definição de objetivos. Em ambos os *cases* apresentados aqui, o diagnóstico preciso e construção de objetivos específicos só foi possível devido ao grande empenho de todos os envolvidos. Em ambos os casos, o *Gamification* se mostrou a ferramenta eficaz para que pudéssemos alcançar os objetivos estabelecidos.

Há dois elementos comuns aos *cases*, que sinalizam para uma grande tendência e para os quais quero chamar sua atenção. Estes elementos são:

[1] Time multidisciplinar engajado para o alcance dos resultados: é fundamental sermos capazes de engajar todos os envolvidos desde o início do processo. Recursos Humanos, Multiplicadores, Capacitação, Marketing, Universidades Corporativas, clientes internos e externos, todos são igualmente importantes e essenciais para o sucesso. O sucesso é resultado da definição do propósito do projeto e estratégia de transferência do conhecimento para a prática.

[2] Precisamos aproveitar os recursos existentes nas organizações: muitos investimentos já foram feitos pelas organizações e esses investimentos devem ser otimizados. Treinamentos já existentes, multiplicadores internos, livros adquiridos, vídeos já existentes, *e-learnings*, entre outros. Há que se valorizar os recursos já existentes. Sejam estes recursos físicos, projetos anteriores ou especialistas que, por seu conhecimento do negócio e bagagem técnica, são essenciais para a credibilidade dos projetos.

O TRINÔMIO "**DRS**": **D**ESAFIO, **R**ESULTADO ESPERADO E **S**OLUÇÃO DESENVOLVIDA

Para a análise de ambos os casos vou adotar o que chamo de trinômio DRS, em que o "D" significa desafio. Gosto muito mais de focar no desafio que tenho à minha frente do que em um "problema" a ser resolvido. Simplesmente porque acredito que um desafio seja mais estimulante. O "R" significa resultado. Afinal, isso é o que esperamos de todos os programas de treinamento para os quais criamos soluções de aprendizagem. O "S" representa a solução desenvolvida e na qual se encaixa, ou não, uma solução de aprendizagem *gamificada*.

CASE BRADESCO – GAMIFICATION ESTRUTURAL E TRANSFERÊNCIA

Contexto

No Bradesco, a UniBrad (Universidade Bradesco) está organizada em Escolas que têm, cada uma, o objetivo de desenvolver competências específicas que impactam positivamente o negócio. Essa estrutura favorece a definição de objetivos específicos e imprime um ritmo especial no que diz respeito à transferência. Com base em pilares bem definidos, cada uma das Escolas trabalha em estreita parceria com o Escritório, clientes internos e fornecedores para criar uma arquitetura de soluções que promovam resultados eficazes e mensuráveis.

Assim, a equipe da Capacitação de Canais Digitais identificou a necessidade de melhoria na eficácia da gestão de contratos com empresas terceiras e, junto com a Escola de Inovação da UniBrad, concluiu que seria necessário apoiar os colaboradores para que encontrassem novos caminhos para melhorar a eficácia e promover a inovação.

Desafio

Inovar e melhorar a eficácia na gestão de contratos com terceiros.

No Bradesco, na área de Canais Digitais, existe uma uma equipe responsável pela gestão dos contratos com empresas terceiras. Parte dessa equipe fica alocada nessas empresas que prestam serviços para o Bradesco. Essas pessoas são, assim, os verdadeiros representantes do propósito e valores do Bradesco em um ambiente externo e a eles cabe disseminar a "cultura Bradesco" além de assegurar a melhor gestão dos contratos e ações junto a essas empresas.

Os procedimentos para gestão de contratos são claros e conhecidos. Ainda assim, para a obtenção de melhores resultados de maneira contínua é necessário inovar. O desafio real é inovar em processos que já funcionam bem e sob a pressão constante das tarefas rotineiras que precisam ser concluídas em um ambiente externo no qual nem sempre se pode controlar todas as variáveis.

Estimular a inovação na prática, treinando a equipe com o uso de conteúdos e recursos já existentes e disponíveis na Organização.

Inovação é parte da "cultura Bradesco" e, por isso, A UniBrad (Universidade Corporativa do Bradesco) tem uma série de conteúdos disponíveis em diferentes formatos para atender a todos os colaboradores da organização. Ter os conteúdos disponíveis não é, entretanto, suficiente para garantir que sejam consumidos e transformados em prática. É necessário estimular os colaboradores para que:

- Conheçam os temas e conteúdos que contribuam para o desenvolvimento de suas competências.
- Identifiquem quais são os prioritários para o atendimento de suas demandas e desafios profissionais.
- Estabeleçam uma meta de aplicabilidade para aquilo que irão aprender.
- Consumam os conteúdos com o propósito da aplicabilidade prática e, portanto, coloquem o que aprenderam em prática.

Resultado esperado

Análise de cenário e revisão de processos com implementação de melhorias que contribuam para a eficácia.

- O engajamento da equipe de Coordenadores Externos da área de Canais Digitais foi definido como um ponto crucial para o aumento da eficácia e, portanto, esse engajamento teria que ser monitorado durante todo o programa.
- Promover o aprendizado e exercício de ferramentas, técnicas e conceitos que contribuam com a inovação na prática em um curto espaço de tempo.
- Apresentação de seis projetos com sugestões de melhoria implementáveis com o uso e aplicação dos conceitos e ferramentas aprendidos.
- Consumo de conteúdos e treinamentos já existentes e disponíveis no Bradesco.

Solução desenvolvida

Gamification estrutural com uso de aplicativo (site responsivo).

Uma vez que a maior parte dos treinamentos necessários para o desenvolvimento das competências necessárias já existia no Bradesco, optamos pelo desenvolvimento de uma solução de aprendizagem com uso de *Gamification* estrutural.

Isso significa que criamos um contexto para o programa, que recebeu o nome de "Projeto ONE (Organização das Nações Externas)", fazendo uso do *storytelling* (um dos elementos dos *games*) para contextualizar a solução de aprendizagem.

Nesse contexto, os Coordenadores (e seus times) foram divididos em seis equipes, que receberam o nome de "Nações Externas" representadas por cidades:

- Buenos Aires
- Cidade do México
- Hong Kong
- Londres
- Nova Iorque
- Tóquio

Optamos pela mecânica de competição (escolha feita com base no perfil da equipe) e por isso cada Nação Externa competiu para se tornar a "Nação Externa de Destaque do Projeto ONE". Seria a Nação Externa de destaque a que mais pontos conquistasse durante a jornada de aprendizagem e transferência do Projeto ONE.

O mecanismo de conquista de pontos foi chave para esta solução de aprendizagem. O *Gamification* só faz sentido se, ao nos apropriarmos dos elementos de *games,* arquitetarmos a lógica de pontuação que melhor favoreça os comportamentos que desejamos incentivar. Por isso, a conquista de pontos dessa solução de aprendizagem foi baseada em três critérios:

[1] Participação em treinamentos ou consumo de conteúdos existentes: A UniBrad junto com a área de Capacitação de Canais Digitais analisaram as trilhas de conhecimento e repositórios de conteúdos já existentes na organização selecionando aqueles pertinentes ao desenvolvimento das competências necessárias. A pedido da UniBrad, a SG Aprendizagem Corporativa Focada em Performance desenvolveu um treinamento de BMG (*Business Model Generation*) – Inovação em Modelos de Negócios para complementar os conhecimentos necessários e oferecer uma ferramenta prática para o exercício da visão sistêmica. Acrescentamos também alguns vídeos aos conteúdos já existentes.

[2] Participação em fóruns: Escolher a competição não exclui necessariamente outros mecanismos de construção de conhecimento. Embora a competição tenha sido a mecânica central desta solução de aprendizagem, utilizamos um sistema de pontuação extra com intervalo aleatório para incentivar a participação no fórum. Assim, incentivamos o comportamento colaborativo por meio da troca de conhecimentos. A cada *insight* postado no fórum, havia a probabilidade de se conquistar pontos extras em quantidade significativa, o que movimentou de forma significativa os *posts* feitos no fórum.

[3] TED Melhores práticas: O objetivo de uma solução de aprendizagem define sua estrutura e toda a experiência que será desenhada. Sendo um resultado esperado a apresentação de projetos de melhoria, a última etapa desta solução foi um evento no formato de TED no qual cada uma das seis equipes teve dez minutos para apresentar seu(s) projeto(s). Essas apresentações também valiam pontos e uma banca composta pelos gestores, *sponsors* do projeto, Capacitação, UniBrad e SG avaliaram os projetos apresentados com base em critério definido previamente.

A aprendizagem de conceitos, ferramentas e conteúdos relevantes foi o coração deste projeto e, por isso, optamos pela *heutagogia* (do grego: *heuta* – auto + *agogus* – guiar), processo educativo no qual o aprendiz é responsável pelo seu aprendizado. Essa escolha foi feita considerando-se os princípios de aprendizagem, a análise de cenário e conteúdos envolvidos.

Cada participante do projeto teve autonomia para escolher que conteúdos consumir e quando consumir, dessa maneira, cada um fez sua autoavaliação e buscou aprender o que mais precisava em cada momento.

A existência da *Gamificação* fez a diferença pois, como estavam competindo para identificar a "Nação Externa de Destaque", mesmo os que já conheciam um determinado conteúdo o revisitaram para obter pontos e competir.

Componentes da solução de aprendizagem com *Gamification* estrutural.

Imagino que seja parte da rotina do leitor a necessidade de se treinar equipes rapidamente para se alcançar um determinado objetivo. Nesse caso não foi diferente. O projeto durou três meses e suas componentes foram divididas ao longo do período.

[1] 03/09/14 – *Kick-off*: Construção de identidade e apresentação do programa: Foi um encontro presencial que contou com a participação dos *Sponsors* do projeto e demais *stakeholders*. Nesse encontro os objetivos do programa foram elucidados, a relevância estabelecida e as "Nações Externas" formadas. Utilizando uma atividade vivencial, cada qual construiu a Bandeira que os representaria durante todo o Projeto *One* e simbolicamente cada indivíduo recebeu um diário de bordo personalizado com seu Avatar para registrar seus aprendizados e *insights* durante toda a jornada.

[2] 03/09/14 – 11/12/14 – Aplicativo: Desenvolvemos um aplicativo (site responsivo) que funcionou como estrutura *gamificada*. Neste aplicativo, a cada conteúdo consumido o participante respondia a um conjunto de 3 perguntas, conquistando mais ou menos pontos para sua equipe em função de seu acerto ou não. Também no aplicativo funcionou o fórum de discussões e o placar. Cada integrante recebeu um *login* e o resultado de cada equipe foi calculado pela soma dos resultados de seus integrantes (ponderando-se o número de integrantes de cada equipe). Os conteúdos foram distribuídos em categorias.

[3] 03/09/14 – 10/12/14 – Categorias de conteúdos:
- Treinamentos Presenciais (5 treinamentos).
- E-learnings (5 treinamentos).
- Biblioteca Virtual (4 resumos de livros).
- Filmes (4 vídeos de curta duração).

[4] 11/12/14 – TED com a apresentação dos projetos construídos por cada Nação: Cada uma das 6 equipes teve 10 minutos para apresentar seus projetos, nos quais aplicou os conhecimentos adquiridos ao longo dos 3 meses.

Resultado e transferência.

Tudo o que queremos quando treinamos uma equipe é ver a transferência, ou seja, queremos que o conhecimento adquirido seja colocado em prática. Os números abaixo mostram o resultado que obtivemos.

Pessoas treinadas.

Foram treinadas 28 pessoas no intervalo de 3 meses. As 28 pessoas estavam divididas em 6 equipes (Nações Externas).

Total de conteúdos.

Os conhecimentos necessários para o desenvolvimento das competências desejadas continham 18 temas diferentes e interconectados, divididos em 4 categorias (treinamentos presenciais, e-learnings biblioteca virtual e filmes).

Total de perguntas a serem respondidas.

Para cada tema, o aplicativo continha 3 perguntas em formato de múltipla escolha que deveriam ser respondidas para a conquista dos pontos. Trabalhamos então com 54 perguntas.

Número de pessoas que respondeu 100% das perguntas.

Sendo a *heutagogia* a base do projeto, a resposta a todas as perguntas não era uma obrigatoriedade, sendo entretanto um diferencial para a conquista de pontos e melhor colocação no *ranking*. Das 54 perguntas, o percentual de respostas por participante variou de 72,22% a 100%, sendo que as respostas dadas após a data limite (dia 10/12, um dia antes da apresentação dos projetos) foram desconsideradas.

Respostas por categoria.

Note que as respostas correspondem ao consumo de conteúdo, o que representa o engajamento dos participantes em cada um dos temas propostos:

Categoria	Número de Perguntas	Percentual de respostas
Cursos Presenciais	15	92%
Biblioteca Virtual	12	95%
E-learnings	15	85%
Filmes	12	98%

Lições aprendidas.

Envolva a todos que serão impactados por uma solução de aprendizagem como esta desde o primeiro momento. O trabalho em time e foco em resultado são ingredientes essenciais para o sucesso.

A transição de uma solução de aprendizagem convencional para uma *gamificada* exige uma mudança de modelo mental por parte de quem desenvolve e também por parte de quem participa. Ouça a todos e esteja aberto para fazer ajustes durante o percurso. A tecnologia é um grande aliado, mas pode também se mostrar um inimigo quando utilizada em ambientes com diferente acessibilidade e conectividade. Faça tantos testes quanto for possível e, ainda assim, esteja preparado para o caso de algo não funcionar.

Invista tempo na criação dos mecanismo de pontuação que favoreça os comportamentos que você quer estimular e, se julgar conveniente, desperte as pessoas para descobrirem essa lógica.

Troque com profissionais de outras empresas que estejam empreendendo soluções semelhantes, compartilhe seus aprendizados, aprenda com os demais.

Perguntas respondidas por "Nação".

Nação	Percentual de Respostas
Buenos Aires	95%
Cidade do México	94%
Londres	94%
Hong Kong	93%
Nova Iorque	87%
Tóquio	87%

Os projetos apresentados na TED.

O grande espetáculo de transferência aconteceu na TED, em que as Nações Externas apresentaram seus projetos. Todas as Nações apresentaram projetos relevantes e aplicáveis. Algumas Nações apresentaram mais de um projeto.

Foi notável também o uso das ferramentas aprendidas para a apresentação dos projetos. Pudemos ver apresentações com uso de Mapas Mentais, Canvas – BMG (Business Model Generation), além de improviso e dramatização, entre outras coisas.

CASE IPIRANGA – *GAMIFICATION* DE CONTEÚDO

Contexto

O *Case* da Ipiranga Produtos de Petróleo S.A. só foi possível em função do brilhante trabalho em equipe entre as áreas de Recursos Humanos e Varejo. Juntas, somaram conhecimentos técnicos, de campo e de pessoas, possibilitando a criação de uma solução de aprendizagem aderente ao público e com objetivos muito bem delineados e específicos.

A Ipiranga treina anualmente os colaboradores dos postos Ipiranga que atuam nos postos (urbanos ou em rodovias), e nas lojas am/pm e nas trocas de óleo Jet Oil, e que na empresa são conhecidos como VIPs. No Brasil, são mais de 7.000 postos, o que caracteriza uma grande pulverização geográfica desses profissionais.

Esses profissionais têm um papel importante na entrega da experiência de consumo no ponto de venda. Todos eles precisam estar preparados para receber bem o cliente e ofertar produtos que se adequem às necessidades dos clientes, bem como sanar dúvidas. Entre os conhecimentos necessários para o exercício dessa função estão conhecimentos técnicos e também comportamentais.

Desafio

Aumentar a frequência nos treinamentos, uma vez que apesar do conhecimento que grande parte dos VIPs possuem, a reciclagem é fundamental para a manutenção dos altos índices de satisfação dos clientes.

Na Ipiranga, como em muitas organizações, um desafio como esse envolve o treinamento de profissionais espalhados geograficamente e que respondem localmente a suas unidades, ou seja, ligados diretamente aos postos revendedores, sem vínculo empregatício com a Ipiranga. Assim, a disseminação da cultura de atendimento e conhecimento dos produtos e seus benefícios precisa ultrapassar a barreira do *turnover*, ao mesmo tempo que engaja pessoas que já conhecem esse conteúdo, ainda que não com a profundidade desejada.

O cenário desses profissionais inclui variações quanto ao local de realização dos treinamentos que podem ser executados em formato "Road Show" para os postos de rodovia – ou seja, um veículo preparado se desloca até as cidades fazendo paradas para treinar as equipes – e também com a utilização de salas de treinamentos para os postos urbanos.

Resultado esperado

Elevar a adesão dos participantes em treinamentos.

- Aumentar a retenção dos conhecimentos adquiridos e sua transferência para a prática rotineira.
- Treinar de forma lúdica e aderente ao perfil do público.
- Capacitar os multiplicadores para utilizarem uma solução de aprendizagem *gamificada*.

Solução desenvolvida

***Gamification* de conteúdo com uso de tabuleiro.**

A distribuição geográfica e as características demográficas do público somadas à infraestrutura para a multiplicação dos treinamentos nos levaram a optar pelo desenvolvimento de uma solução *gamificada* sem o uso de tecnologia.

Estando o Brasil, na época, prestes a sediar a Copa do Mundo de 2014, um dos elementos fundamentais dos jogos para o desenvolvimento desta solução foi o *storytelling*. Todo o conteúdo técnico e comportamental foi transformado em desafios, pelos quais os participantes passavam ao longo do jogo, sendo o facilitador um personagem fundamental para o sucesso em função da característica do público.

Criamos uma história em que uma família brasileira típica em férias, a "Família Souza", apaixonada por futebol, resolveu visitar os estádios das principais capitais brasileiras, nos quais aconteceriam os jogos da Copa do Mundo de 2014.

A "Família Souza" viajou de carro e, percorrendo as estradas de nosso exuberante País, teve a oportunidade de parar em diversos postos Ipiranga (urbanos e de rodovia) bem como frequentar lojas am/pm e Jet Oil.

Nessas paradas, os desafios eram apresentados pelo facilitador e os participantes competiam em equipes representadas por carrinhos coloridos. À medida que eram bem sucedidos nos desafios, conquistavam as partes de um troféu que premiaria a equipe vencedora.

Ao longo desse percurso, além dos desafios ligados ao conteúdo, havia desafios ligados ao contexto do futebol, bastante alinhado ao perfil do público.

O sucesso dessa solução de aprendizagem dependia também do treinamento adequado da equipe de multiplicadores formada por profissionais experientes, parceiros da Ipiranga, com muito conhecimento técnico. Por isso, foi crucial treiná-los para atuar mais como facilitadores do que como instrutores.

Componentes da solução de aprendizagem com *Gamification* de conteúdo.

Acredito que o leitor já tenha se deparado com a necessidade de treinar uma equipe em um conteúdo já existente ou ainda tenha tido que reciclar um determinado público em conteúdos já existentes. Nessas circunstâncias, é muito comum que se pule a etapa do diagnóstico e quando isso ocorre, as chances de erro são factíveis. Por isso, com o total apoio e concordância da Ipiranga, iniciamos o processo por meio de um diagnóstico abrangente com acompanhamento de campo e entrevistas.

Tivemos acompanhamento de campo com os VIPs (frentistas e atendentes de lojas), entrevistas com os multiplicadores que, anualmente, treinam essas equipes, e reuniões com as equipes de RH e Varejo.

A partir do diagnóstico detalhado, desenhamos a Solução de Aprendizagem e o treinamento dos multiplicadores. A solução de aprendizagem para o treinamento dos VIPs foi composta por um KIT, contendo todo o material necessário para a realização do treinamento.

KIT do treinamento dos VIPs

- Tabuleiro e peças (carrinhos, dados, etc.).
- Cartas de desafios e cartas de características dos produtos.
- Regras do jogo.
- Apresentação com Guia do Instrutor.
- Mapa de aprendizagem a ser fixado no local de trabalho após o treinamento.
- *Pocket* para todos os VIPs com o conceito central do treinamento e informações técnicas pertinentes e um guia de acesso rápido.
- Kit de desafios (bola de futebol, cartão simulando uma camisa de futebol autografada, jogo de futebol de botão, etc.).
- Lousa mágica para respostas dos desafios.
- Partes do troféu que simbolizam as conquistas.

Treinamento dos multiplicadores

O treinamento dos multiplicadores foi focado no desenvolvimento de competências de facilitação. Trabalhamos os princípios fundamentais de aprendizagem e o uso de perguntas para estimular o aprendizado.

Após a realização do treinamento dos multiplicadores, fizemos os ajustes de detalhes técnicos de conteúdo para que a equipe pudesse sair a campo.

Resultado e transferência

O projeto superou as expectativas em termos de alcance de objetivos. Além dos números alcançados, confira alguns *feedbacks* recebidos do time Ipiranga que conduziu o projeto:

- "Recebemos o ônibus aqui na nossa empresa. Estamos 100% satisfeitos com o treinamento realizado no nosso posto. A instrutora é muito capaz, simpática e gentil. A metodologia aplicada muito eficiente. Desde já, agradecemos e ficamos no aguardo de novas oportunidades" – Proprietário do Posto.

- "Estive ontem um pouco no treinamento de Jacareí e gostei muito da forma como foi conduzido. Mais dinâmico e simples, sem deixar de abordar com alguma profundidade os pontos chaves do trabalho do VIP. Os revendedores que foram acompanhar partes do treinamento (tanto em Jacareí quanto em Mogi das Cruzes) também elogiaram bastante o treinamento e o instrutor que o ministrou. Pude perceber nos funcionários do posto e da loja do posto, quando fui abastecer no período da tarde, uma motivação diferente e a aplicação de pontos abordados no treinamento da manhã. Parabéns aos elaboradores desse módulo!" – Assessor Comercial.

- "Gostaria de agradecer em meu nome e em nome de todos os VIPs que participaram do treinamento. Já rodei boa parte dos postos e tanto o revendedor quanto os VIPs se desdobraram em elogios. O material e a mecânica foram totalmente aprovados. Gostaria de destacar o conhecimento, a didática e a simpatia do instrutor, que de maneira criativa e direta revisitou os principais conceitos através da corrida entre as equipes no jogo de tabuleiro. A disputa acirrada pelo primeiro lugar fez com que houvesse total interatividade entre os participantes, gerando respostas certeiras" – Assessor Comercial.

- "Parabéns a todo o time pelo projeto! Em pouquíssimo tempo, conseguimos superar todas as barreiras e conquistar nossos objetivos!" – Coordenadoria de Incentivo e Relacionamento VIP.

Pessoas treinadas

Treinados 2014
26.000

Período de desenvolvimento

O período alocado para o desenvolvimento de uma solução de aprendizagem tem sido cada vez mais desafiador.

Lições aprendidas

Assim como no *case* sobre *Gamification* estrutural, o envolvimento de todos desde o princípio é essencial.

Em projetos com curto período para desenvolvimento e entrega é fundamental que se defina um time que será responsável pelas aprovações, especialmente quando a arte tem uma grande relevância como no caso do *Gamification* de conteúdo.

Não abra mão de um bom diagnóstico, ainda que se conheçam as necessidades existentes. Pesquisas e acompanhamento de campo permitirão o detalhamento necessário para o sucesso no desenvolvimento de conteúdo.

A simplicidade é a grande chave. Tenha em mente o espírito da melhoria contínua. Nada é tão bom que não possa ser melhorado. Que venham novos desafios para podermos fazer ainda mais e melhor!

O QUE LEVAR EM SUA BAGAGEM

[1] Que aspecto do *Gamification* estrutural apresentado no *Case* do Bradesco você quer implementar em sua empresa?

[2] Na sua opinião, como o *storytelling* contribuiu para a adesão do público ao *Gamification* de conteúdo apresentado no *Case* da Ipiranga?

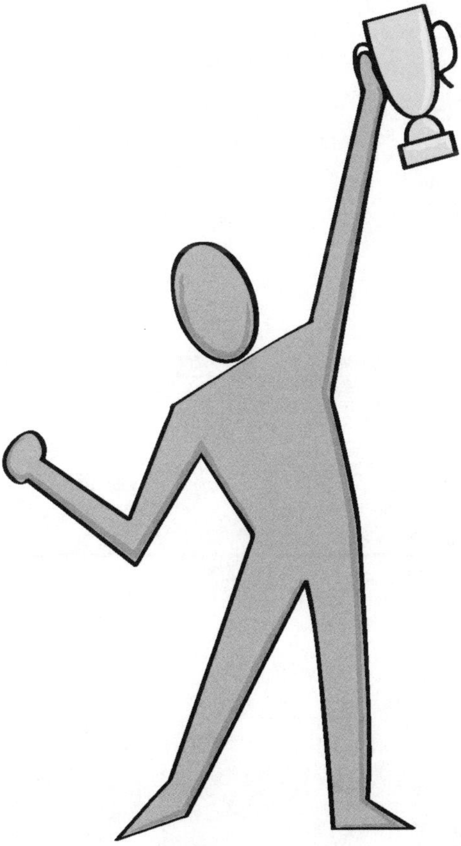

Bibliografia de Referência

Burke, P. (2003). *Uma história social do conhecimento de Gutenberg a Diderot.* Rio de Janeiro. Jorge Zahar Editor.

Castro, A. P. (2006). *Liderança Motivacional.* São Paulo, ABTD.

Castro, A. P. com a participação de McSill, J. (2013). *Storytelling para resultados. Como usar estórias no ambiente empresarial.* Rio de Janeiro, Qualitymark.

Catania, A. C. (1999). *Aprendizagem: Comportamento, Linguagem e Cognição.* Porto Alegre, Artmed.

Dirksen, J. (2012). *Design for how people learn.* Berkeley. New Riders.

Gottfredson, C. and Mosher, B. (2011). *Innovative Performance Support. Strategies and Practices for Learning in the workflow.* USA. Mc Graw Hill.

Hodell, C. (2013). *SMEs From the ground up. A no-nonsense approach to trainer-expert collaboration.* Alexandria. ASTD Press

Kapp. K. M., Blair, L. and Mesch, R. (2014). *The Gamification of learning and instruction – Fieldbook. Ideas into practice.* San Francisco. Willey

Kao, J. (2007). *Innovation Nation. How America is losing its innovation edge, why it matters, and what we can do to get it back.* New York. Free Press.

Labin, J. (2012). *Real World Training Design. Navigating Commom Constraints for Exceptional Results.* Alexandria. ASTD Press.

McSill, J. (2013). *5 Lições de Storytelling. Fatos, ficção e fantasia.* São Paulo. DVS Editora.

Robinson, Ken. (2012). *Libertando o poder criativo: as teorias sobre imaginação, criatividade e inovações que despertam os talentos reprimidos.* São Paulo. HSM Editora.

Seagal, S. & Horne, D. (2004). *Human Dynamics.* Um contexto para compreender pessoas e realizar o potencial de nossas organizações. Rio de Janeiro. Qualitymark.

Skinner, B. F. (2007). *Ciência e Comportamento Humano.* São Paulo. Livraria Martins Fontes.

Stevenson's, D. (2008). *Story Theater Method Strategic Storytelling in Business.* Colorado Springs, Cornelia Press.

Udell, C. (2012). *Learning Everywhere.* Alexandria. ASTD press.

www.dvseditora.com.br